Empreendedorismo
e desenvolvimento de
novos negócios

Central de Qualidade — FGV Management
ouvidoria@fgv.br

SÉRIE GESTÃO ESTRATÉGICA E ECONÔMICA DE NEGÓCIOS

Empreendedorismo e desenvolvimento de novos negócios

Antonio André Neto
Alivinio Almeida
Cristóvão Pereira de Souza
Tales Andreassi

ISBN — 978-85-225-1290-4
Copyright © Antonio André Neto, Alivinio Almeida, Cristóvão Pereira de Souza,
Tales Andreassi

Direitos desta edição reservados à
EDITORA FGV
Rua Jornalista Orlando Dantas, 37
22231-010 — Rio de Janeiro, RJ — Brasil
Tels.: 0800-021-7777 — 21-3799-4427
Fax: 21-3799-4430
editora@fgv.br — pedidoseditora@fgv.br
www.fgv.br/editora

Impresso no Brasil/*Printed in Brazil*

Todos os direitos reservados. A reprodução não autorizada desta publicação, no todo
ou em parte, constitui violação do copyright (Lei nº 9.610/98).

Os conceitos emitidos neste livro são de inteira responsabilidade dos autores.

1ª edição — 2013; 1ª reimpressão — 2013; 2ª reimpressão — 2014;
3ª e 4ª reimpressões — 2015

Preparação de originais: Sandra Frank
Editoração eletrônica: FA Studio
Revisão: Fernanda Villa Nova de Mello
Capa: aspecto:design
Ilustração de capa: André Bethlem

André Neto, Antonio
    Empreendedorismo e desenvolvimento de novos negócios /
Antonio André Neto... [et al.]. — Rio de Janeiro: Editora FGV, 2013.
    170 p. — (Gestão estratégica e econômica de negócios (FGV
Management))

    Em colaboração com Alivinio Almeida, Cristóvão Pereira de
Souza, Tales Andreassi.
    Publicações FGV Management.
    Inclui bibliografia.
    ISBN: 978-85-225-1290-4

    1. Empreendedorismo. 2. Negócios. I. Almeida, Alivinio de. II.
Souza, Cristóvão Pereira de. III. Andreassi, Tales. IV. FGV Management.
V. Fundação Getulio Vargas. VI. Título. VII. Série.
                                                    CDD — 658.421

Aos nossos alunos e aos nossos colegas docentes, que nos levam a pensar e repensar nossas práticas.

Sumário

Apresentação 11

Introdução 15

1 | **O empreendedorismo e o empreendedor** 19
    Conceituando o empreendedor 20
    Os tipos de empreendedores 21
    Principais características do empreendedor 23
    Principais motivações do empreendedor 24
    Principais desafios dos empreendedores 27

2 | **O desenvolvimento de novos negócios** 33
    O ciclo de vida de um empreendimento 35
    Um exemplo da sequência de desenvolvimento de um empreendimento 43

3 | Recursos necessários para a estruturação de um novo empreendimento 47

Tipos de financiamento de um empreendimento 47

Qualificações necessárias 51

4 | Fontes de recursos 57

Recursos próprios (bootstrapping) 57

Investidores FFF 59

O investidor-anjo 60

Recursos governamentais 61

Venture capital – capital de risco 63

IPO de pequenas e médias empresas 64

Debêntures 65

Banco Nacional de Desenvolvimento Econômico e Social (BNDES) 68

Programa de capacitação de recursos humanos para atividades estratégicas (Rhae) 69

Recursos advindos de investidor estratégico 70

5 | Avaliação e mitigação dos riscos dos negócios 71

Riscos que podem ocorrer na fase de estruturação de um empreendimento 71

Instituições de apoio ao empreendedor 79

6 | Empreendedorismo corporativo: o intraempreendedor 83

Conceito 83

Casos de intraempreendedorismo 85

Barreiras a serem superadas 87

Criando uma cultura intraempreendedora 88

7 | Empreendedorismo social 91

    O terceiro setor da economia 92

    Características do empreendedorismo e do empreendedor social 97

8 | Atuação como desenvolvedor de empreendimentos: o empreendedor serial ou developer 101

    Como o developer ganha dinheiro? 102

    O perfil do developer 105

    Perfil do risco 106

    Venda da participação do developer no empreendimento para realização de lucro 108

9 | O plano de negócio 111

    Afinal, o que é um plano de negócio? 111

    A estrutura de um plano de negócio 114

    Exemplo de um sumário executivo: hamburgueria 118

    Plano de negócio social 123

Conclusão 127

Referências 129

Os autores 135

Apresentação

Este livro compõe as Publicações FGV Management, programa de educação continuada da Fundação Getulio Vargas (FGV).

A FGV é uma instituição de direito privado, com mais de meio século de existência, gerando conhecimento por meio da pesquisa, transmitindo informações e formando habilidades por meio da educação, prestando assistência técnica às organizações e contribuindo para um Brasil sustentável e competitivo no cenário internacional.

A estrutura acadêmica da FGV é composta por nove escolas e institutos, a saber: Escola Brasileira de Administração Pública e de Empresas (Ebape), dirigida pelo professor Flavio Carvalho de Vasconcelos; Escola de Administração de Empresas de São Paulo (Eaesp), dirigida pela professora Maria Tereza Leme Fleury; Escola de Pós-Graduação em Economia (EPGE), dirigida pelo professor Rubens Penha Cysne; Centro de Pesquisa e Documentação de História Contemporânea do Brasil (Cpdoc), dirigido pelo professor Celso Castro; Escola de Direito de São Paulo (Direito GV), dirigida pelo professor Oscar Vilhena Vieira; Escola de Direito do Rio de Janeiro (Direito Rio), dirigida pelo professor Joaquim Falcão; Escola de Economia de São Paulo (Eesp), dirigida pelo professor Yoshiaki Nakano; Instituto Brasileiro de Economia (Ibre), dirigido pelo professor Luiz Guilherme Schymura de Oliveira; e Escola de Matemática Aplicada (Emap), dirigida pela professora Maria Izabel Tavares Gramacho. São diversas unidades com a marca FGV, trabalhando com a mesma filosofia: gerar e disseminar o conhecimento pelo país.

Dentro de suas áreas específicas de conhecimento, cada escola é responsável pela criação e elaboração dos cursos oferecidos pelo Instituto de Desenvolvimento Educacional (IDE), criado em 2003, com o objetivo de coordenar e gerenciar uma rede de distribuição única para os produtos e serviços educacionais produzidos pela FGV, por meio de suas escolas. Dirigido pelo professor Clovis de Faro e contando com a direção acadêmica do professor Carlos Osmar Bertero, o IDE engloba o programa FGV Management e sua rede conveniada, distribuída em todo o país (ver www.fgv.br/fgvmanagement), o programa de ensino a distância FGV Online (ver www.fgv.br/fgvonline), a Central de Qualidade e Inteligência de Negócios e o Programa de Cursos In Company. Por meio de seus programas, o IDE desenvolve soluções em educação presencial e a distância e em treinamento corporativo customizado, prestando apoio efetivo à rede FGV, de acordo com os padrões de excelência da instituição.

Este livro representa mais um esforço da FGV em socializar seu aprendizado e suas conquistas. Ele é escrito por professores do FGV Management, profissionais de reconhecida competência acadêmica e prática, o que torna possível atender às demandas do mercado, tendo como suporte sólida fundamentação teórica.

A FGV espera, com mais essa iniciativa, oferecer a estudantes, gestores, técnicos e a todos aqueles que têm internalizado o conceito de educação continuada, tão relevante na era do conhecimento na qual se vive, insumos que, agregados às suas práticas, possam contribuir para sua especialização, atualização e aperfeiçoamento.

Clovis de Faro
Diretor do Instituto de Desenvolvimento Educacional

Ricardo Spinelli de Carvalho
Diretor Executivo do FGV Management

Sylvia Constant Vergara
Coordenadora das Publicações FGV Management

Introdução

Parece haver um consenso de que o crescimento do país está condicionado ao fortalecimento das pequenas e médias empresas. De fato, os números relacionados ao empreendedorismo no Brasil estão melhorando significativamente de alguns anos para cá. A pesquisa GEM (Global Entrepreneurship Monitor), coordenada pela London Business School e pelo Babson College, compara diversos aspectos do empreendedorismo em mais de 50 países, por um período longo de tempo, revelando dados interessantes, por exemplo, que no Brasil cerca de 20% dos negócios estão nas mãos de jovens entre 18 e 24 anos e que 32% são conduzidos por pessoas entre 25 e 34 anos (GEM, 2011). Isso revela que o empreendedorismo vem se constituindo em uma opção de carreira para um número expressivo de jovens.

Ao examinarmos os programas das escolas de negócio brasileiras, percebemos que até os anos 1990 o ensino de empreendedorismo se limitava à oferta de algumas disciplinas pontuais, quando muito. Hoje, cada vez mais, o empreendedorismo está se inserindo de forma definitiva nos currículos das escolas de administração e de outras áreas do conhecimento.

Com o objetivo de acompanhar essa tendência, a FGV lança este livro sobre empreendedorismo e desenvolvimento de novos negócios. Nosso objetivo é informar as várias facetas do mundo empreendedor de uma forma mais generalista, para que você, leitor, possa decidir depois em qual aspecto do empreendedorismo poderá ou deverá se aprofundar.

Este livro é dividido em nove capítulos. No primeiro, são apresentados os principais aspectos relacionados à figura do empreendedor, com o objetivo de permitir ao leitor se familiarizar com o tema. Assim, são abordados os diferentes conceitos envolvendo o empreendedor, seus diferentes perfis, os tipos de empreendedores existentes e suas principais motivações e desafios.

O segundo capítulo aborda o desenvolvimento de novos negócios, analisando as principais fases que compõem um empreendimento: desenvolvimento, construção e operação. Será dado destaque à fase de desenvolvimento, composta pela identificação da oportunidade de negócio, criação da proposta de valor, definição do modelo de negócio e estruturação do empreendimento.

No terceiro capítulo, será examinado um tema extremamente importante para garantir a longevidade do negócio: os recursos necessários para se estruturar um novo empreendimento, um assunto importante em função do alto custo do crédito no Brasil.

O quarto capítulo trata das principais fontes para a obtenção desses recursos e o quinto aborda a avaliação e a mitigação dos riscos dos negócios, ou seja, quais as ações que o empreendedor deve tomar para diminuir as chances de seu negócio fechar após determinado período de tempo, bem como as instituições de apoio ao empreendedor que ajudam a mitigar tais riscos.

Enquanto nos cinco primeiros capítulos o foco é o empreendedor de mercado, ou seja, o indivíduo que decide abrir um negócio por sua conta e risco, os três capítulos seguintes abordam tipos específicos de empreendedores. No sexto capítulo analisamos o empreendedor corporativo. Trata-se de um funcionário que trabalha em uma empresa e que possui um perfil e um comportamento empreendedor, sendo este comportamento incentivado (ou não) pela empresa. Ou seja, o funcionário não precisa pedir demissão para se tornar um empreendedor; ele pode ser empreendedor na própria empresa em que trabalha.

O sétimo capítulo analisa o empreendedor social, aquele que opta por abrir um negócio que não necessariamente objetiva o lucro, mas que tem como principal propósito trazer algum benefício à sociedade.

No oitavo capítulo, veremos a atuação do empreendedor serial, ou *developer*, um tipo de empreendedor que está sempre envolvido na estruturação de negócios. Diferentemente de um empreendedor convencional, que se envolve com o negócio durante várias fases do seu ciclo de vida, o *developer* se interessa mais pela fase da estruturação do negócio, vendendo sua participação no momento em que o negócio caminhe por si só.

Finalmente, o nono capítulo aborda, de uma forma introdutória, o plano de negócio, tanto o de cunho mercadológico quanto o de cunho social. O plano de negócio tem sido uma ferramenta muito utilizada por empreendedores e pode auxiliá-los bastante no processo de planejamento e estruturação do empreendimento.

1

O empreendedorismo e o empreendedor

Atualmente, o empreendedorismo parece ser a palavra de ordem no Brasil e no mundo. Casos de sucesso de jovens empreendedores, como Mark Zuckerberg, criador do Facebook, ou Romero Rodrigues, do Buscapé, parecem inspirar milhares de jovens em busca de uma carreira profissional. No entanto, essa situação já foi bem diferente. Até o fim dos anos 1990, o ensino de empreendedorismo nas escolas de negócio se limitava a algumas disciplinas optativas, muitas vezes sob a denominação de gestão de pequenas empresas ou algo similar, e atraía a atenção de poucos interessados. Hoje, cada vez mais o empreendedorismo está se inserindo de forma definitiva nos currículos das escolas de administração.

São muitas as explicações para esse boom do empreendedorismo, que por sinal é um fenômeno mundial. Uma das explicações é o aparecimento de milhares de prósperos negócios a partir da internet, despertando a ambição de jovens em todo o mundo. No caso brasileiro, ajudou também o fato de que "o emprego para a vida toda" já não existe mais. Reestruturações, fusões e aquisições de empresas, comuns nos dias de hoje, acabam reduzindo a permanência dos funcionários em uma mesma organização. Assim, os estudantes começaram a ver o empreendedorismo como uma opção real de carreira.

Este capítulo tem como principal objetivo mostrar a você, leitor, o que é esse fenômeno tão discutido nos dias de hoje – o empreendedorismo – e qual o perfil de um empreendedor. Para tanto, iremos inicialmente analisar as diferentes definições acerca do empreendedorismo. Depois iremos discutir os diferentes tipos de empreendedores – empreendedor serial, empreendedor corporativo, empreendedor social e até mesmo o empreendedor público. Iremos abordar as principais características que um empreendedor deve possuir e, finalmente, analisar suas principais motivações e desafios.

Conceituando o empreendedor

A definição do que seja um empreendedor não é algo simples, já que existem diversas abordagens para a palavra. Segundo Degen (2009), o termo empreendedor é originário do inglês *entrepreneur*, que, por sua vez, se origina do francês e é uma combinação das palavras latinas *inter* (entre) e *prehendere* (comprador). Assim, o empreendedor era o intermediário, o indivíduo que comercializava bens e produtos, cujo exemplo histórico pioneiro está no veneziano Marco Polo, que tentou estabelecer uma rota comercial entre Europa e Oriente.

Um dos primeiros a tratar com destaque o tema empreendedorismo foi Joseph Schumpeter (1883-1950), economista austríaco e professor de Harvard, para quem empreendedor é o responsável pela introdução de uma inovação que altera a ordem econômica vigente, a chamada "destruição criativa". Para Schumpeter, a inovação e o progresso econômico são promovidos pelos empreendedores, os quais possuem papel ativo no desenvolvimento econômico dos países. Um exemplo de um empreendedor segundo o conceito de Schumpeter é Bill Gates, que, ao introduzir o sistema Windows, acabou transformando toda a indústria de tecnologia da informação.

Em outro extremo, há uma definição mais ampla, defendida por Longenecker, Moore e Petty (1998), segundo os quais o empreendedor pode ser considerado como uma pessoa que está iniciando ou operando um negócio. Tal definição já abrange um número muito maior de pessoas. Há também uma terceira abordagem, que fica no meio-termo entre essas duas definições. Essa abordagem, defendida por autores como Hisrich, Peters e Shepherd (2009) relaciona o empreendedor com algumas atitudes, tais como inovação, busca por oportunidades, crescimento do negócio e propensão ao risco. Para esses autores, o empreendedor é aquele indivíduo que assume riscos e inicia algo novo, orientado ao crescimento do negócio.

Na próxima seção iremos examinar os tipos de empreendedores existentes.

Os tipos de empreendedores

Dornelas (2007), a partir de uma pesquisa com 399 empreendedores, os classifica em oito tipos distintos: o empreendedor nato, o que aprende, o serial, o corporativo, o social, o por necessidade, o herdeiro e o planejado.

O empreendedor nato é aquele que já nasce com forte inclinação para o empreendedorismo, construindo grandes organizações a partir do nada. Sílvio Santos, Sebastião Camargo, Bill Gates são alguns exemplos desse tipo de empreendedor. Já o empreendedor que aprende é aquele que inicia sua carreira em alguma organização e, em determinado momento, encontra uma oportunidade de negócios; resolve apostar nela, saindo da empresa e se estabelecendo, então, como empreendedor.

O empreendedor serial é o indivíduo que tem como principal motivação abrir empresas. A grande paixão do empreendedor serial está na criação do conceito do negócio, utilizando toda a sua criatividade para desenvolvê-lo. A partir do momento em que o negócio começa a entrar em uma fase mais estável, ele o vende e começa a procurar uma nova oportunidade. No ramo de restaurantes, por exemplo, há muitos empreendedores que se dedicam apenas a montar e iniciar o negócio, vendendo-o tão logo atinja determinado patamar.

O empreendedor corporativo dedica-se a empreender dentro de uma corporação. Tal tema tem tanta relevância no mundo atual que dedicaremos o capítulo 6 especialmente a este assunto. Da mesma forma, o capítulo 7 trata do empreendedor social, que é aquele que se envolve em causas humanitárias, tendo como missão construir um futuro melhor para a sociedade.

O empreendedor por necessidade, como o próprio nome já diz, foi obrigado a abrir seu próprio negócio porque não teve outra alternativa. São pessoas que não tiveram acesso ao mercado de trabalho, seja em função da baixa especialização, seja em função de algum outro fator limitante. Em geral suas iniciativas empreendedoras são simples, pouco inovadoras e sem nenhuma barreira de entrada contra novos competidores – e por isso suas chances de sucesso são baixas. Um contraponto a esse tipo de empreendedor é o empreendedor planejado, também conhecido como empreendedor por oportunidade. São empreendedores que vislumbraram uma oportunidade de negócio e planejam este negócio com muitos detalhes antes de iniciá-lo.

Finalmente, o último tipo listado por Dornelas (2007) é o empreendedor herdeiro, ou seja, aquele que herda da família um negócio e passa a dirigi-lo. Vários são os exemplos de empresas que acabaram falindo em função da má administração dos herdeiros, razão pela qual é cada vez mais comum a profissionalização das empresas familiares, situação em que a família contrata executivos no mercado e acompanha seu trabalho por meio de um conselho de administração. Passemos a examinar, na próxima seção, as principais características do empreendedor.

Principais características do empreendedor

É um tanto quanto difícil estabelecer as características de um empreendedor, uma vez que a variabilidade de comportamentos apontada pela literatura é bastante grande. Dornelas (2007), ao analisar 25 artigos publicados em periódicos internacionais e em livros de referência no período de 1972 a 2005, relaciona as características que apareceram mais frequentemente nos artigos e livros analisados, tal como a tabela 1 permite visualizar.

Tabela 1
CARACTERÍSTICAS DOS EMPREENDEDORES

Características	Nº de citações	%
Disposição para correr riscos	15	11,4%
Independência/autonomia	10	7,6%
Capacidade de inovar	9	6,8%
Capacidade realizadora	9	6,8%
Autocontrole	8	6,0%
Criatividade	8	6,0%
Autoconfiança	7	5,3%
Responsabilidade	6	4,6%
Determinação	5	3,8%
Energia/entusiasmo	5	3,8%
Liderança	5	3,8%
Definição de metas	5	3,8%
Tolerância a incertezas	5	3,8%
Ambição	4	3,0%
Desejo de ganhar dinheiro	4	3,0%

Continua

Características	Nº de citações	%
Iniciativa	4	3,0%
Percepção de oportunidades	4	3,0%
Rede de contatos	4	3,0%
Busca de informação	3	2,3%
Comprometimento	3	2,3%
Persistência	3	2,3%
Desejo de poder	3	2,3%
Positividade	3	2,3%
Total	132	100%

Fonte: Adaptado de Dornelas (2007)

Pela tabela 1, podemos perceber que muitas dessas características não apresentam fronteiras muito claras e acabam se misturando entre si, como é o caso de dinheiro e ambição; inovador e criativo; ou energia, determinação, liderança e iniciativa. Ressalta-se, ainda, que é praticamente impossível reunir todas essas características em um único empreendedor. Hashimoto (2006) faz uma alusão a este fato ao comentar que só um empreendedor-herói poderia possuir todas as características que se costuma atribuir a ele.

No entanto, algumas dessas características se sobressaem e, quando agrupadas em função de similaridades, permitem inferir que as principais características do empreendedor envolvem três grandes grupos de comportamento: abertura a risco, atitude de liderança e busca pela inovação. Vamos conhecê-las melhor no decorrer deste capítulo; comecemos pelas motivações do empreendedor.

Principais motivações do empreendedor

Por que alguém se torna um empreendedor? Quais os motivos que levam uma pessoa a optar pelo caminho do empreendedorismo, muitas vezes tortuoso e arriscado, em vez de seguir uma carreira em uma empresa? Afinal, como bem aponta Dornelas (2007:102), "apesar da autonomia e da sensação de sempre ser o dono das decisões e de fazer os próprios horários, o empreendedor, em muitos casos, acaba por ser um escravo do trabalho".

Para Degen (2009), as motivações do empreendedor podem ser agrupadas em quatro tópicos:

- desejo de sair da rotina do emprego e levar suas próprias ideias adiante – muitos funcionários, cansados de trabalhar em empresas nas quais a cultura empreendedora não é incentivada, acabam tornando-se empreendedores quando uma boa oportunidade aparece. Em geral, tais empreendedores aproveitam o conhecimento adquirido na empresa, já que vivenciaram bem os problemas e as oportunidades do setor, além de terem formado uma boa rede de contatos. É interessante notar que tal tendência é relativamente nova. Se no passado era comum um indivíduo trabalhar toda a sua vida em uma única empresa, atualmente boa parte dos funcionários não hesita em sair em busca de novas oportunidades, se a empresa em que se encontram não os satisfizer;
- vontade de determinar seu futuro e não dar satisfação a ninguém sobre seus atos – esse é um dos principais motivos que leva uma pessoa a empreender, ou seja, ser o "dono do próprio nariz". No entanto, é uma ilusão achar que o empreendedor não dá satisfação a ninguém sobre seus atos. Diz o ditado popular que "quem tem sócio tem patrão". Além disso, os clientes e *stakeholders* podem se tornar uma grande dor de cabeça se não forem satisfatoriamente atendidos ou gerenciados;
- necessidade de provar a si e aos outros que é capaz de realizar um empreendimento – o senso de desafio é uma das caracte-

rísticas de um empreendedor e é natural que ele se manifeste no momento de escolher uma oportunidade de negócio. No entanto, é preciso ter cuidado para que o empreendedor não seja levado pela emoção e acabe escolhendo uma oportunidade pouco consistente;

❏ desejo de desenvolver algo que traga reconhecimento e benefícios, não só para si, mas para a sociedade – muitos empreendedores afirmam que um dos motivos que os levou a empreender foi a possibilidade de fazer algo em prol da sociedade, seja gerando empregos, no caso do empreendedor de mercado, seja mudando a vida das pessoas menos favorecidas, no caso do empreendedor social.

No entanto, nem tudo são flores na vida do empreendedor. Existe também o que Kuratko e Hodgetts (2004) chamam de *o lado negro do empreendedorismo*, ou seja, fatores que podem desestabilizar o empreendedor e dominar seu comportamento. Confrontação com o risco, estresse e ego inflado são alguns desses fatores, comentados a seguir.

A história de que o empreendedor gosta de correr risco é um mito. Em geral, ninguém gosta de correr riscos. O que acontece é que alguns empreendedores desenvolvem uma propensão ao risco controlado, ou seja, conseguem administrar essa questão. No entanto, empreendedores correm diversos tipos de risco, por exemplo, risco financeiro de o negócio falir, risco de não encontrar mais oportunidades de trabalho no mercado caso o negócio não dê certo, risco de ter problemas na vida pessoal, em função do alto comprometimento com seu negócio, ou ainda o risco psicológico decorrente da perda do negócio. Nos capítulos 5 e 8 voltaremos a tratar da questão do risco, por se tratar de um tema extremamente importante no dia a dia do empreendedor.

O estresse é outro sentimento negativo que, como mencionado, afeta os empreendedores, principalmente se vivenciado em altas doses e por longos períodos. Algumas formas de minimizar o efeito do estresse são o compartilhamento dos problemas com outros empreendedores; tirar férias ou pequenos períodos de descanso regularmente; encontrar fontes de satisfação fora da empresa, como praticar esportes ou manter um hobby; e saber delegar.

Por fim, o ego exacerbado de muitos empreendedores acaba gerando uma série de problemas, como obsessão por autonomia e controle, desconfiança em relação a tudo e a todos, desejo descontrolado de sucesso e um otimismo pouco realista. Tais problemas acabam impactando seriamente em seus negócios.

Principais desafios dos empreendedores

Pesquisas do Serviço Brasileiro de Apoio às Micro e Pequenas Empresas (Sebrae, 2007) mostram que não é fácil ser empreendedor no Brasil. Cerca de 31% das empresas não conseguem passar dos três anos de vida, sendo obrigadas a encerrar suas atividades. Esse número, contudo, já foi bem maior no início dos anos 2000 – cerca de 50%. Os principais desafios do empreendedor podem ser agrupados em quatro pontos, de que trataremos a seguir.

Falta de planejamento

Um dos principais pontos que contribui para o fechamento das empresas, e que acaba embasando os demais problemas da empresa, é a falta de planejamento, que, de certa forma, reflete a falta de conhecimento em gestão. Isto está relacionado com o fato de que, no Brasil, ainda é grande o número de empreendedores por necessidade – ou seja, pessoas que se tornam empreendedoras porque não tinham outra opção para sobreviver. Pesquisas realizadas pelo Sebrae e a experiência prática dos autores mostra que, na grande maioria das vezes, tais empreendedores perdem seus empregos e não conseguem arranjar outra colocação, restando como opção a abertura de um negócio. Em geral, nunca estudaram administração, têm dificuldades de planejar a empresa e gerenciar seu dia a dia. Não conseguem separar as finanças da empresa das finanças pessoais, não conseguem calcular seu lucro ou mesmo administrar o fluxo de caixa. Como seus negócios geralmente não possuem barreira de entrada, logo são atacados por concorrentes e em pouco tempo são obrigados a pedir empréstimos para pagar as dívidas das empresas. Normalmente, não conseguem pagar os altos juros cobrados nesses empréstimos e acabam falindo.

Os dados do Global Entrepreneurship Monitor (GEM) mostram que, nos países desenvolvidos, o empreendedor por necessidade atinge patamares inferiores a 30%, enquanto nos países em desenvolvimento esse percentual é significativamente maior, como mostra a tabela 2.

Tabela 2
PERCENTUAL DE EMPREENDEDORES
POR NECESSIDADE - 2009

País	% de empreendedores por necessidade
África do Sul	33
Argentina	47
Brasil	39
China	48
Dinamarca	7
Espanha	16
Estados Unidos	23
Itália	14
Uganda	45
Venezuela	32

Fonte: Bosma e Levie (2010).

O contraponto do empreendedor por necessidade é o empreendedor por oportunidade, aquele indivíduo que se tornou um empreendedor por ter vislumbrado efetivamente uma oportunidade e planejou seu empreendimento. Por conseguinte, a probabilidade de fracasso do empreendedor por oportunidade é bem inferior à do empreendedor por necessidade.

Falta de crédito

Conseguir crédito no Brasil não é tarefa fácil. Segundo Alexandro Martello (2012), em matéria publicada no *Portal G1*, a relação entre crédito e PIB brasileiro apenas recentemente superou o percentual de 50%, enquanto em países desenvolvidos esse percentual é da ordem de 75%. A escassez do crédito no Brasil acaba se refletindo nas altas taxas de juros cobradas pelas instituições creditícias, que além de praticarem juros muito maiores do que em outros países, exigem garantias valiosas para conceder empréstimos. Assim, vivencia-se a situação de que "só tem crédito no Brasil quem efetivamente dele não precisa". Essa pode ser uma das razões apontadas para a alta taxa de mortalidade da pequena empresa no Brasil – cerca de 31% nos primeiros três anos de atividade. Vale ressaltar, no entanto, que o governo brasileiro vem adotando medidas para diminuir a taxa de juros a partir de 2012, e espera-se que o efeito de tais medidas sejam sentidas em um futuro próximo.

De fato, uma boa parcela dos empresários, ao precisar urgentemente de dinheiro para financiar suas atividades diárias, o que chamamos de capital de giro, acaba tendo de apelar para o crédito pessoal, como cheque especial ou cartão de crédito, que chegam a cobrar juros superiores a 10% ao mês. Isso faz com que a competitividade de seus produtos desapareça, sem condições de concorrer com produtos importados ou de grandes empresas que obtêm altas economias de escala.

Se isso é verdadeiro para as empresas de modo geral, a situação ainda é mais crítica quando se examina a situação dos empreendedores que não conseguem acesso ao sistema bancário tradicional, restando como opção recorrer a agiotas, pagando juros ainda mais altos do que aqueles cobrados pelos bancos.

Assim, a maioria dos empreendedores brasileiros acaba financiando seus negócios com capital próprio. No entanto, existem algumas linhas específicas para financiamento de inovação, sendo algumas delas não reembolsáveis. Há também um aparente aumento do número de investimentos oriundos dos *angel investors*, geralmente investidores individuais que procuram boas oportunidades de negócios para investir. O capítulo 4 traz mais informações sobre as fontes de capital disponíveis no Brasil.

Pouca inovação

Ainda se inova muito pouco no Brasil. A pesquisa Pintec 2005, conduzida pelo Instituto Brasileiro de Geografia e Estatística (IBGE, 2007), mostra que a taxa de inovação das empresas brasileiras no período 2003-2005 chega a 34,4%, ou seja, apenas 1/3 das empresas brasileiras lançou produtos novos em algum dos três anos considerados. Além disso, a pouca tradição do país em realizar investimentos pesados em pesquisa e desenvolvimento acaba contribuindo para baixos índices de inovação, principalmente aquelas de caráter mais revolucionário, conhecidas como inovação radical.

De fato, o empreendedor brasileiro inova pouco, apesar de termos uma série de programas governamentais que fornecem crédito a fundo perdido, ou seja, sem necessidade de reembolso, para empresas que investem em inovação. Os programas Pipe, da Fundação de Amparo à Pesquisa do Estado de São Paulo (Fapesp), e Prime, da Financiadora de Estudos e Projetos (Finep), são exemplos de programas que financiam a inovação de pequenas empresas.

Excesso de burocracia

Ainda é complicado abrir uma empresa no Brasil. Se em alguns países isso pode ser feito em três dias, usando a internet, no Brasil a abertura de uma empresa é um processo lento, que acaba demandando alguns meses, principalmente se o negócio precisar de autorizações especiais para funcionar, como é o caso daqueles que atendem ao público ou que manipulam alimentos.

É verdade, no entanto, que a situação vem melhorando bastante de alguns anos para cá, com algumas iniciativas governamentais que acabam por agilizar muito a vida de empreendedor. Notas fiscais eletrônicas, documentos disponíveis pela internet e ações que visam formalizar empreendedores informais são alguns exemplos dessas iniciativas.

Sumarizando, neste capítulo verificamos as principais definições que envolvem o empreendedor, bem como suas principais características. Comentamos, também, como o empreendedorismo tem se tornado um tema tão relevante no Brasil e no mundo, inspirando milhares de jovens que, desde muito cedo, têm escolhido o empreendedorismo como opção de carreira. Por fim, vimos as principais motivações e desafios que envolvem a opção pelo empreendedorismo. No próximo capítulo, iremos mudar um pouco o foco, abordando o processo de desenvolvimento de novos negócios.

2

O desenvolvimento de novos negócios

Neste capítulo, vamos descrever as fases que envolvem o processo de estruturação de um novo empreendimento. Para detalharmos melhor todo o processo, vamos subdividi-lo em fases distintas, com o objetivo de tornar mais didática sua descrição. Na vida real, entretanto, nem sempre o processo acontece de maneira tão explícita. É comum encontrar empreendedores e intraempreendedores que dedicam seus esforços para a criação do novo empreendimento realizando várias etapas simultaneamente. Quando isso acontece, o empreendedor pode chegar a "becos sem saída", o que pode atrasar o processo, custar mais caro e até comprometer o sucesso do empreendimento.

O roteiro que apresentamos neste capítulo pode ser muito útil para guiar o empreendedor e tornar o processo mais eficiente. A meta a ser alcançada é estabelecer o novo empreendimento, utilizando o mínimo de recursos – dinheiro, tempo, pessoas, espaço físico, matérias-primas, infraestrutura –, de modo tal que possa gerar riqueza o mais cedo possível.

A pergunta que todo empreendedor se faz é: "Criar um novo negócio para quê"? A resposta, na grande maioria das vezes (mas não em todas), é: "Para ganhar dinheiro". No entanto, para isso acontecer, o empreendedor tem pela frente o primeiro desafio: conseguir identificar uma oportunidade de negócio que seja potencialmente geradora de lucro. E não é qualquer lucro: é preciso que seja uma lucratividade que represente uma taxa interna de retorno (TIR) sobre o investimento melhor do que outras alternativas que tenham uma base de risco semelhante.

Um investidor só vai se interessar por um novo negócio, que pode correr muitos riscos de não dar certo, se este negócio apresentar claras demonstrações de que vai gerar, no futuro próximo, um retorno substancialmente maior do que aquele que seria obtido se deixasse o dinheiro em uma aplicação no banco, digamos, na poupança ou em renda fixa. Ou seja, o investidor vai exigir que o novo empreendimento pague um prêmio pelo risco adicional que seu dinheiro corre. Assim, o objetivo do empreendedor é identificar uma oportunidade de negócio e criar um empreendimento que possa rapidamente ser implementado para aproveitar essa oportunidade, que comece a operar e a realizar vendas o mais rapidamente possível, acelerando assim o retorno sobre o investimento. O exemplo descrito no quadro 1 auxilia na compreensão dessa questão.

Em resumo, alguém só vai investir em um novo empreendimento se houver uma boa possibilidade de receber um prêmio pelo risco que seu dinheiro vai correr. Afinal, podemos entender um investimento como a ação de incorrer em custos imediatos na expectativa de benefícios futuros (Dixit e Pindyck, 1994). Esta definição vale também ao se apresentar a proposta de um novo empreendimento para a diretoria de uma empresa. A diretoria vai avaliar os possíveis ganhos, os possíveis riscos e vai compará-los com outras alternativas de investimento que foram apresentadas por outros colaboradores. Os diretores, muito provavelmente, vão escolher, entre as alternativas disponíveis, aquela que tem a melhor relação lucro/risco e que melhor se adapta à estratégia de negócios da empresa.

Quadro 1
EXEMPLO DE UMA DECISÃO DE INVESTIMENTO

Para exemplificar, digamos que você tenha dinheiro investido em um fundo de renda fixa que o remunera a uma taxa de 8% ao ano sobre o valor investido. Um amigo lhe oferece sociedade em um novo empreendimento: construção de casas para a população de baixa renda. Antes de decidir tirar seu dinheiro, ganho com tanto sacrifício, de um investimento com renda fixa e muito seguro, você vai fazer muitas perguntas para entender a oportunidade em si e poder avaliar os riscos envolvidos no empreendimento. Se durante esta fase você identificar que irá investir 100 para construir uma casa e que a construção e a venda levarão um ano, sendo que o valor de venda da casa ficará em 150, então você vai precisar fazer algumas análises.

Com o dinheiro aplicado no banco (100), você, ao final de um ano, ganharia 8. Ao investir na construção de casas você pode ganhar 50 – 8 = 42 (líquidos), ou seja, mais de cinco vezes o que ganharia se deixasse o dinheiro no banco. Diante deste prêmio você vai considerar o investimento, dependendo, agora sim, dos riscos envolvidos e de quais as medidas para se proteger destes riscos. Após a avaliação dos riscos – por exemplo, quanto tempo pode levar para vender as casas, qual será a equipe de pessoas que vai construir as casas, que grau de confiabilidade e de experiência elas têm, e assim por diante –, se você se sentir confortável com as respostas encontradas, pode existir uma boa chance de optar por investir, porque o prêmio parece muito atraente.

A seguir é apresentado um passo a passo para guiar os empreendedores que buscam desenvolver seus próprios negócios, e que pode servir também para os intraempreendedores, que buscam desenvolver novos negócios para as empresas para as quais trabalham. Tanto em um caso como em outro, a perspectiva do investidor ou do acionista (que também é investidor) é a mesma: aproveitar uma boa oportunidade, que pode ser expressa como a possibilidade de entregar, para potenciais clientes, produtos ou serviços que atendam a necessidades ou desejos ainda não atendidos e ganhar dinheiro com isso, o mais rapidamente possível. Passemos, então, a analisar o ciclo de vida de um empreendimento.

O ciclo de vida de um empreendimento

Um empreendimento pode ser comparado a um ser vivo: é concebido, é desenvolvido, nasce, cresce, amadurece e morre. O desafio é planejar e estruturar o empreendimento, contemplando todas as fases, incluindo as negociações e os possíveis acordos com os potenciais *stakeholders*, antes de sair gastando dinheiro. Este cuidado maximiza as chances de êxito do empreendimento.

Neste ponto, vamos nos concentrar na fase do desenvolvimento do negócio. Para isto, descreveremos o caminho mais estruturado, mais profissional e, por isso, aquele que visa maximizar as chances de êxito do empreendimento. Ou seja, mostraremos como deve ser feito, com planejamento e cuidadosa execução de cada etapa, conforme a figura 1.

Figura 1
AS FASES DE UM EMPREENDIMENTO

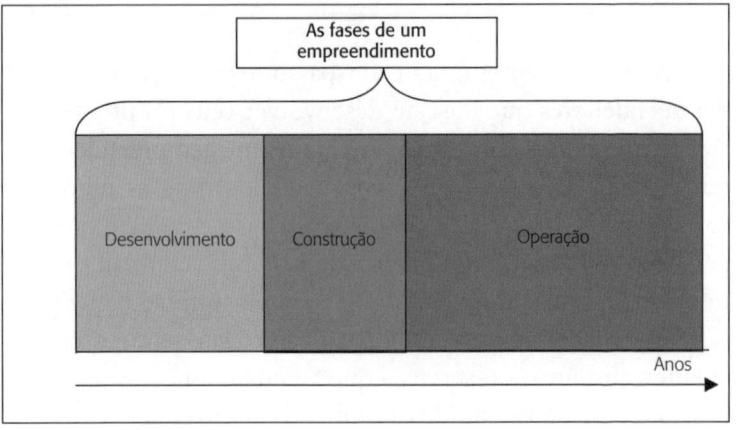

Fase 1 – Desenvolvimento do empreendimento: tem início na identificação da oportunidade de negócio e é concluída quando o empreendimento estiver estruturado, os interesses dos envolvidos conciliados e os contratos assinados, ou seja, os recursos necessários para iniciar a construção do empreendimento foram assegurados pelo empreendedor.

Fase 2 – Construção do empreendimento: tem início na contratação de todos os envolvidos que vão materializar o novo empreendimento – a loja, a fábrica, o escritório. Os envolvidos nesta fase serão contratados com o dinheiro ou demais recursos assegurados na fase 1. Eles são os fornecedores, os prestadores de serviço e os futuros empregados.

Fase 3 – Operação do empreendimento: esta fase se inicia quando "as máquinas são ligadas", "a loja é aberta", "o escritório começa a trabalhar", e daí por diante o empreendimento segue seu ciclo de vida operacional.

Detendo-nos um pouco mais na fase inicial, que é a do desenvolvimento do negócio, vamos estudá-la melhor, subdividindo-a em quatro etapas para que possamos analisar cada uma delas com maior profundidade, a saber: identificação da oportunidade de negócio, criação da proposta de valor, criação do modelo de negócio e estruturação do empreendimento.

Etapa 1: identificação da oportunidade de negócio

A visão de uma oportunidade de negócio é o processo de identificação de uma necessidade ou de um desejo não atendido de potenciais clientes, sejam eles pessoas físicas ou empresas.

A identificação de uma oportunidade de negócio depende fundamentalmente da interação do empreendedor com o meio ambiente. Por exemplo: o empreendedor percebe que no seu bairro falta uma loja de conveniência que fique aberta 24 horas. Ou o gerente de vendas da incorporadora imobiliária fica sabendo que o governo vai liberar financiamentos para a construção de casas populares no Nordeste, em condições muito favoráveis. A oportunidade para a instalação da loja de conveniência está intimamente ligada àquele bairro, naquele momento do tempo. Já a oportunidade para a construção de casas populares está vinculada à liberação de financiamento na região Nordeste do país. Assim, a oportunidade de negócio está inserida num contexto compreendido pelos aspectos geográficos, sociais, econômicos e culturais do meio ambiente, em que os potenciais clientes se encontram inseridos.

A oportunidade de negócio é exatamente a chance de vender a solução para os problemas ou para os desejos não atendidos.

Para ter sucesso e ganhar dinheiro, o empreendedor precisa ver a oportunidade. Ele deve perceber que pessoas e comunidades precisam de coisas ou as desejam – sejam produtos ou serviços. Depois, para aumentar sua chance de êxito na exploração da oportunidade, o empreendedor deve ter profundo conhecimento do mercado em que o potencial negócio estará inserido. Além disso, ele ainda precisará de muita coragem para enfrentar as barreiras que surgirão para que a oportunidade identificada possa vir a se tornar um negócio lucrativo.

Etapa 2: criação da proposta de valor

Segundo Osterwalder e Pigneur (2011: 22), a proposta de valor é "o motivo pelo qual os clientes escolhem uma empresa ou outra". Cada proposta de valor pode ser entendida como um pacote específico, uma agregação de benefícios, que irá suprir as exigências de determinado grupo de clientes.

A falta de uma clara proposta de valor, aquela que é percebida e valorizada pelo potencial cliente, é uma importante causa da mortalidade de novas empresas. A proposta de valor está relacionada com a maneira como a empresa define a razão de sua existência e, por isso, existe uma relação direta entre a missão da empresa e sua proposta de valor. O quadro 2 relata dois exemplos de proposta de valor.

Quadro 2
EXEMPLOS DE PROPOSTA DE VALOR

A proposta de valor da Fundação Getulio Vargas é gerar e difundir conhecimento relevante nas áreas de administração, economia e direito, contribuindo para o desenvolvimento da nação.

A proposta de valor do Hospital do Câncer de Barretos é atender a todos os pacientes portadores de câncer, dando especial atenção aos menos favorecidos, que não podem pagar por um tratamento de excelência.

Etapa 3: definição do modelo de negócio

Segundo Osterwalder e Pigneur (2011: 14), "um modelo de negócios descreve a lógica de criação, entrega e captura de valor por parte de uma organização". Ou seja, em linhas gerais é a lógica que a empresa pretende adotar para ter sucesso. Por exemplo, uma empresa pode adotar como modelo de negócio oferecer o produto gratuito e ganhar na venda do espaço publicitário, como fazem o jornal Metro, o Google Flickr e tantas outras empresas. Algumas editoras, como a Lulu.com, inverteram o modelo de negócios das editoras, centrado nos *best-sellers*, permitindo a qualquer um publicar seu livro e vendendo sob demanda. Assim, o modelo de negócio ajuda a concatenar todos os recursos necessários para implementar a estratégia da empresa. Em outras palavras, leitor, o modelo de negócio ideal é aquele que direciona a criação do empreendimento, de modo que atinja seus objetivos, utilizando o mínimo de recursos (dinheiro, tempo, matérias-primas, espaço físico, pessoas etc.).

O modelo de negócio deve correlacionar todas as ações e a utilização dos recursos em um modelo dinâmico. Por que dinâmico? Porque deve levar em consideração a evolução do negócio. Os produtos têm seu ciclo de vida e as empresas também o têm. A empresa, na sua fase inicial, demanda investimentos substanciais, que devem estar disponíveis na hora certa. Os investimentos para a criação da empresa devem considerar, além do capital necessário para a montagem do negócio, o capital de giro para os primeiros meses de operação, uma vez que é preciso certo tempo para desenvolver uma carteira de negócios. O empreendedor encontra, assim, um desafio: idealizar um modelo de negócio que proporcione retorno ao investimento, com taxas superiores a outras alternativas, levando em consideração que cada negócio tem um conjunto de riscos.

Os possíveis investidores (aqueles que podem se tornar sócios do empreendimento) e os possíveis financiadores (aqueles que podem emprestar dinheiro para o empreendimento) vão querer entender com detalhes quais são os riscos envolvidos na criação e na operação do negócio e como o empreendedor vai se preparar para administrar tais riscos. Quando os investidores entenderem quais são os riscos e como eles serão administrados pelo empreendedor, vão querer uma compensação por estes riscos, um prêmio. Eles vão, ainda, levar em consideração que podem investir em outros negócios na mesma base de risco, ou em negócios com riscos diferentes, porém, com remunerações que eles achem mais adequadas. Só aí, então, decidirão se irão investir, ou não, no empreendimento; se irão emprestar, ou não, dinheiro para o empreendimento. O capítulo 5 traz uma discussão mais aprofundada sobre os riscos de um negócio.

Assim, o modelo de negócio deve descrever como a proposta de valor será entregue aos clientes-alvo, por meio da clara definição de todas as atividades envolvidas no negócio.

Osterwalder e Pigneur (2011) acreditam que o modelo de negócios de uma empresa pode ser melhor descrito a partir de nove componentes básicos, a saber: segmentos de clientes, proposta de valor (definida na etapa 2), canais, relacionamentos com clientes, fontes de receita, recursos principais, atividades-chave, parcerias principais e estrutura de custo.

O modelo de negócio será operacionalizado por meio do plano de negócio, o qual se encontra descrito no último capítulo deste livro.

Etapa 4: estruturação do empreendimento

Uma vez definidos a oportunidade de negócio, a proposta de valor e o modelo de negócio, a quarta e última etapa é a estruturação do empreendimento. É nesta fase que todas as atividades identificadas anteriormente são colocadas em prática. A estruturação pode também ser chamada de "amarração" do empreendimento; é o processo de identificação dos *stakeholders* e de conciliação de seus interesses, com o objetivo de obter os recursos necessários para fazer o empreendimento se materializar.

Nesta quarta etapa tem início todo o processo de negociação com os fornecedores, prestadores de serviço, investidores e financiadores. É também na etapa de estruturação do empreendimento que se busca alinhavar pré-acordos de vendas com potenciais clientes.

A etapa da estruturação do empreendimento pode ser desdobrada da seguinte forma: identificação de todos os *stakeholders*; estudo e seleção dos principais *stakeholders* e de seus papéis no empreendimento; identificação dos interesses de cada um dos *stakeholders*; estudo da abordagem a cada um dos *stakeholders* principais; negociação com cada um dos *stakeholders* para obter os recursos necessários; estabelecimento de pré-acordos para "amarrar" o interesse de todos os envolvidos; estabelecimento dos contratos necessários para assegurar a obtenção de recursos.

Alguns dos principais *stakeholders* podem ser os potenciais clientes; os investidores; as instituições financeiras, potenciais financiadoras do empreendimento; os concorrentes; o governo, nas suas diversas esferas; os parceiros comerciais.

O processo de estruturação do empreendimento é baseado principalmente na apresentação do plano de negócio a todos os principais *stakeholders*, buscando despertar seus interesses para o negócio, com o objetivo de conseguir seu engajamento e consequente aporte de recursos financeiros, tecnologia, canais de distribuição ou capacidade industrial.

A etapa de estruturação do empreendimento tem por finalidade criar credibilidade para o negócio. Quando o empreendedor consegue o acordo com um primeiro *stakeholder* importante, este empresta credibilidade ao empreendimento. O ideal, portanto, é o empreendedor focar seus esforços nas fontes mais respeitadas do mercado, pois, à medida que ele vai conseguindo trazer o apoio de cada uma dessas fontes, o processo de obtenção de acordo com as demais torna-se mais fácil, pois o empreendimento vai ficando cada vez mais crível.

Nesta etapa, alguns aspectos são muito valorizados pelos *stakeholders*. Apresentamos a seguir, leitor, uma lista dos mais importantes: a paixão do empreendedor pelo empreendimento; o brilho nos olhos do empreendedor ou do intraempreendedor; o comprometimento do empreendedor com o sucesso do empreendimento; a competência da equipe envolvida no empreendimento; a qualidade do plano de negócio; o grau de inovação do empreendimento; vantagens competitivas e comparativas dos produtos ou serviços a serem oferecidos pelo empreendimento; consistência das informações; concatenação das ideias; justificativas financeiras e econômicas consistentes e bem-fundamentadas; visão de oportunidade de negócio (o momento certo e a clara identificação dos potenciais clientes e de seus hábitos de consumo); claro entendimento do ambiente de negócios e das forças que interagem neste ambiente (concorrentes, clientes, fornecedores, novos entrantes, produtos ou serviços substitutos); estratégias de saída do negócio (como os investidores podem vender suas participações e obter lucro).

É comum as pessoas dizerem que possuem uma ideia muito boa, mas que têm medo de contá-la para os outros com medo de que ela seja roubada. Se você tem uma boa ideia, transforme-a em um bom plano de negócio e comece a mostrá-lo para as pessoas certas. As pessoas certas são os *stakeholders* que podem ajudá-lo a transformar uma boa ideia em um empreendimento lucrativo. A próxima seção irá apresentar um exemplo da sequência de desenvolvimento de um empreendimento.

Um exemplo da sequência de desenvolvimento de um empreendimento

Para proporcionar uma melhor visão da sequência que vimos até aqui, vamos criar um exemplo hipotético do desenvolvimento de uma mamadeira térmica e descrever o que fazer em cada uma das etapas.

- *Etapa 1: identificação da oportunidade de negócio* – famílias que possuem bebês, quando viajam, precisam levar um verdadeiro arsenal de utensílios para alimentar o bebê.
- *Etapa 2: criação da proposta de valor* – desenvolver uma mamadeira para bebês que tenha um dispositivo interno que, uma vez ativado, aqueça o leite até 36 graus e o mantenha nesta temperatura, até ser desligado. Esta mamadeira dispensa uma série de acessórios para aquecer o leite, principalmente durante uma viagem.
- *Etapa 3: definição do modelo de negócio:*
    - quais são os segmentos de clientes a serem atendidos, por exemplo, pais da classe A e B, pais que têm o hábito de viajar;
    - quais são os canais de comunicação, distribuição e vendas pelos quais a proposta de valor será levada aos clientes,

por exemplo, formação de uma equipe de vendas para acessar lojas para bebês, construção de lojas próprias, vendas pela web etc.;
- como o relacionamento com clientes será estabelecido e mantido, por exemplo, por meio de um serviço de atendimento ao cliente 24 horas para auxiliar os pais que têm dúvidas sobre como operar a mamadeira;
- quais as principais fontes de receita, por exemplo, a empresa pode decidir patentear a mamadeira e ganhar dinheiro apenas vendendo os direitos de fabricação para outras empresas fabricarem e venderem a mamadeira;
- quais os recursos principais da empresa, ou seja, no nosso exemplo, uma equipe de pesquisa e desenvolvimento altamente qualificada, responsável pela concepção da mamadeira, é um recurso humano inestimável;
- quais as atividades-chave a serem executadas, por exemplo, as atividades necessárias para a produção da mamadeira, o controle rigoroso da qualidade, o registro da patente do produto quando o projeto executivo estiver pronto;
- quais as parcerias que deverão ser desenvolvidas, por exemplo, encontrar profissionais (designers, engenheiros mecânicos, engenheiros elétricos) responsáveis pelo desenvolvimento do produto;
- qual a estrutura de custo a ser definida, ou seja, quais serão meus custos fixos, como conseguirei reduzi-los, como conseguirei maior economia de escala.
- *Etapa 4: estruturação do empreendimento* – nesta fase o empreendedor irá iniciar os contatos e negociações para colocar o negócio em funcionamento. Inicialmente, irá contatar potenciais investidores que poderão aportar capital em seu negócio; depois, começará a contatar seus fornecedores e negociar

contratos; dará início também ao processo de prospecção de seus futuros funcionários, entre muitas outras atividades.

Neste capítulo vimos as três fases que envolvem o processo de estruturação de um negócio – desenvolvimento, construção e operação. Detivemo-nos na fase de desenvolvimento, explicando as quatro etapas que a compõem. Também vimos a importância do envolvimento dos *stakeholders*. No próximo capítulo, iremos tratar de como conseguir os recursos necessários para colocar o negócio em funcionamento.

3

Recursos necessários para a estruturação de um novo empreendimento

Uma vez que o empreendimento está estruturado, o próximo passo é conseguir os recursos necessários para que o negócio comece a decolar. Este capítulo irá abordar os tipos de financiamento existentes, a adequação destes tipos ao negócio escolhido, algumas qualificações necessárias, bem como onde e como conseguir os recursos pretendidos. Vamos iniciá-lo examinando os tipos de financiamento existentes.

Tipos de financiamento de um empreendimento

Existem dois tipos de financiamento possíveis: por meio do capital próprio ou por meio do capital de terceiros ou endividamento (Hisrich, Peters e Shepherd, 2009). O capital próprio é aquele obtido pelo empreendimento em contrapartida à venda de títulos de propriedade, sendo ações e cotas de participação as modalidades mais comuns. Por outro lado, o capital de terceiros é o nome dado aos recursos obtidos pela venda de títulos de dívida, também chamados, pelo mercado, de obrigações, tais como empréstimos, debêntures e notas promissórias. Estes dois tipos de recursos trazem para o empreendimento riscos e custos bastante distintos.

O capital próprio é incorporado ao capital social da empresa e não tem por obrigação qualquer remuneração incondicional ao investidor. O investidor assume o risco do empreendimento e receberá dividendos, desde que haja geração de lucro. Dessa forma, com a utilização de capital próprio, o empreendimento transfere o risco de eventual fracasso para o investidor. Naturalmente, essa transferência de risco não se faz sem custo. O capital próprio é a forma mais cara de financiamento de um empreendimento.

No caso do capital de terceiros, o fornecedor do capital, isto é, o investidor, deverá ser remunerado conforme contrato preestabelecido independentemente da obtenção, ou não, de lucro pelo empreendimento. Dessa forma, o investidor corre um risco menor e aceita uma remuneração menor, o que torna o capital de terceiros mais barato para o negócio.

Portanto, a primeira decisão que o empreendedor precisa tomar é quanto ao tipo de capital que deve buscar em determinada situação. Um capital mais caro, que trará menos risco, ou um capital mais barato, que aumentará o risco do empreendimento, pois o obrigará a remunerar o investidor independentemente de alcançar o sucesso ou não. Vale ressaltar que não há um tipo de capital melhor do que outro, dado que ambos possuem vantagens e desvantagens. A decisão irá depender de uma série de variáveis, como estágio em que a empresa se encontra, disposição do empreendedor em diminuir sua autonomia na administração do negócio, acesso a fontes de capital etc.

O quadro 3 procura mostrar a relação entre as variáveis de custo, retorno e risco – tanto do ponto de vista do investidor, quanto da ótica da empresa, quer seja para o capital próprio quer para o capital de terceiros. Os termos "alto" e "baixo" são de significado relativo de um tipo de capital em relação ao outro.

Quadro 3
RELAÇÃO ENTRE AS VARIÁVEIS DE CUSTO, RETORNO E RISCO

	Empreendimento		Investidor	
	Risco	Custo	Risco	Retorno
Capital próprio	Baixo	Alto	Alto	Alto
Capital de terceiros	Alto	Baixo	Baixo	Baixo

Se você, leitor, observar o risco no quadro 3, do ângulo do investidor, quando ele fornece capital próprio ao empreendimento, verá que seu risco é alto. Isso deve-se ao fato de o investidor não ter qualquer garantia quanto ao retorno do seu investimento. Dessa forma, ele só participará com o capital se entender que seu retorno tem grande probabilidade de ser alto. Mas um retorno alto para o investidor significará um alto custo para o empreendimento. Por outro lado, o risco para o empreendimento será baixo, pois só haverá obrigação se houver sucesso. Não havendo lucro no negócio, nada terá de ser pago ao investidor.

Analogamente, o leitor pode observar a tabela do ponto de vista do investidor, quando fornece capital de terceiros ao empreendimento. Neste caso, seu risco será mais baixo pelo fato de receber juros e devolução do principal em data marcada e de forma incondicional, significando que o empreendimento terá de remunerar o investidor independentemente do fato de ser, ou não, bem-sucedido. Certamente que a escolha de um ou de outro tipo irá depender de algumas variáveis, como veremos a seguir.

Adequação do tipo de financiamento

A questão fundamental a que se deve atentar é a da adequação do tipo de financiamento às particularidades do empreendimento. Um negócio de baixo risco terá alta probabilidade de sucesso e, assim, deve ser financiado com capital de terceiros, de forma a aproveitar seu baixo custo. Já um empreendimento de alto risco deve ser financiado com capital próprio, pois, não havendo certeza do seu sucesso, a remuneração do investidor será condicionada ao resultado que ocorrer, não havendo obrigação incondicional de qualquer espécie.

Podemos considerar como importante o risco total do empreendimento, que será uma soma do risco da atividade em si com o risco provocado pela forma de financiamento adotada. O quadro 4 apresenta as quatro possibilidades decorrentes das combinações entre o risco da atividade e do financiamento escolhido.

Quadro 4
COMBINAÇÕES ENTRE O RISCO DA ATIVIDADE E DO FINANCIAMENTO ESCOLHIDO

Risco da atividade	Risco do financiamento	Risco total
Alto	Baixo (capital próprio)	Adequado
Baixo	Alto (capital de terceiros)	Adequado
Alto	Alto (capital de terceiros)	Alto risco
Baixo	Baixo (capital próprio)	Alto custo

O leitor pode observar, na primeira linha do quadro, que, diante de um empreendimento, ou parte dele, que possua alto risco, é recomendável a obtenção de capital próprio para seu financiamento. Embora esse capital seja mais caro, seu baixo risco permitirá contrabalançar o alto risco da atividade. Na segunda linha, dado um empreendimento de baixo risco, o capital de terceiros se mostra mais adequado, uma vez que possui um custo menor e consegue, mais uma vez, promover equilíbrio entre o risco do empreendimento e a forma de financiamento.

As terceira e quarta linhas mostram situações indesejáveis. No caso da atividade ser de alto risco, financiá-la com capital de terceiros seria uma temeridade. O capital teria de ser pago independentemente de haver sucesso ou fracasso, e em prazo preestabelecido. Mesmo na hipótese de sucesso, se ele não ocorrer no prazo estabelecido pelo contrato de financiamento, haverá um descasamento entre receitas e despesas financeiras, inviabilizando o cumprimento das obrigações pela empresa. No caso de uma atividade de baixo risco, financiá-la com capital próprio representaria um desperdício de recursos, dado que ele imporia um custo maior desnecessariamente.

Agora, que vimos os tipos de financiamento existentes – capital próprio e de terceiros –, iremos ver, no próximo item, as qualificações que o empreendedor deve buscar para facilitar a obtenção dos recursos.

Qualificações necessárias

Envolvimento e comprometimento no negócio, responsabilidade na administração dos recursos, habilidade em vendas e boa rede de contatos são algumas qualificações que o empreendedor deve demonstrar quando da busca por recursos.

Envolvimento e comprometimento

Tudo correndo adequadamente, logo chega o momento de convencer outras pessoas a investirem recursos no negócio. Nessa hora, duas variáveis são fundamentais: a confiança que o empreendedor desperta e seu comprometimento. Qualquer pessoa que considere colocar dinheiro em um novo negócio olhará primeiramente para o perfil do empreendedor e sua confiabilidade, tanto em termos de qualificações técnicas para a condução do empreendimento a bom termo, quanto de qualificações de caráter, como persistência, equilíbrio, bom senso, além de diversas outras.

Apenas como exemplo, a persistência é uma característica essencial, considerando-se que serão inúmeras as dificuldades às quais o empreendimento será submetido. Além da persistência, a resistência à frustração é outra qualidade geralmente observada pelos investidores, pois o caminho do empreendedorismo é repleto de obstáculos e desafios que precisam ser superados sem esmorecimento por parte do empreendedor.

Dessa forma, não é preciso ressaltar que a obtenção de recursos dependerá fortemente do currículo do empreendedor e de como é avaliado por terceiros em termos de qualificações, em todas as dimensões exigidas por um negócio.

Outra variável fundamental é o comprometimento. Um empreendedor que tenha pedido demissão de seu emprego e esteja dedicando-se em tempo integral ao projeto do empreendimento passa a ideia não só de quem acredita, a ponto de arriscar o próprio emprego, como também de ter tempo para dedicar-se integralmente ao negócio, aumentando assim a probabilidade de sucesso do seu empreendimento.

Responsabilidade na administração de recursos

Qualquer investidor potencial tende a colocar mais recursos na mão de quem acredita saber administrá-lo em lugar de colocá-lo na mão de quem considera perdulário – ou fora de sintonia com as necessidades do momento.

Como exemplo, citamos o caso de um empregado que se desligou de uma empresa recebendo uma substancial cifra em dinheiro. Administrados com parcimônia os recursos poderiam durar alguns anos. Para surpresa de muitos, ele promoveu um suntuoso evento de lançamento de seu novo negócio, convidando centenas de pessoas e passando a mensagem de que não estava preocupado com gastos. O evento de lançamento tinha também o propósito de captar recursos entre amigos, parentes e eventuais clientes. Sem dúvida, a ideia era de passar uma imagem de sucesso, mas acabou passando uma imagem de gastos desnecessários e exagerados. Logo após o evento, diversos participantes já faziam críticas ao exagero dos gastos, e o pretenso empreendedor acabou por não cativar investidores. Em menos de um ano, todos os recursos, obtidos em sua bem-sucedida rescisão, estavam esgotados, o que levou ao fechamento do negócio e, infelizmente, a um quadro de depressão por parte do empreendedor.

Assim, o período no qual o empreendedor estiver utilizando sua poupança deve ser de austeridade, no qual a análise de custo/benefício de qualquer gasto deve ser considerada com muito cuidado. Os custos fixos são o grande vilão de qualquer negócio que se inicia. O empreendedor deve procurar mantê-los ao nível mais baixo possível, de forma a não comprometer o sucesso do negócio.

Habilidade em vendas: o empreendedor vendedor

Deve ficar claro, leitor, que os investidores potenciais estarão avaliando tanto a ideia da pretendida implementação do empreendimento quanto o perfil do empreendedor. Muitas vezes, investidores potenciais acreditam na possibilidade de sucesso da ideia, mas duvidam de que aquele empreendedor seja a pessoa adequada para levar a cabo o projeto de forma adequada.

Dessa maneira, vemos que a obtenção de recursos no início do empreendimento passa por uma qualidade que o empreendedor precisa ter: ser um bom vendedor. O bom vendedor é aquele que alia entusiasmo pelo que está vendendo a profundo conhecimento sobre o que está sendo vendido, isso em duas dimensões: a dimensão emocional, que passa pelo envolvimento e comprometimento, e a dimensão racional, que deve veicular a imagem de equilíbrio, lucidez e sensatez.

O empreendedor que é um bom vendedor consegue não só convencer investidores quanto às possibilidades do empreendimento proposto, mas, acima de tudo, quanto às chances de ele ser a pessoa talhada para tornar o empreendimento uma realidade bem-sucedida. Assim, não é apenas uma questão de "o que" se está "vendendo" para o investidor potencial, mas principalmente de "quem" o está fazendo. Em outras palavras, um mesmo empreendimento pode obter recursos com facilidade se for conduzido por um empreendedor e não conseguir recurso algum se for conduzido por outro empreendedor. Porém, de nada adianta ser um bom vendedor se não se encontrar o cliente para quem se deve vender. Para tanto, os relacionamentos são fundamentais.

Rede de relacionamentos

Qualquer pessoa que pense um dia em se transformar em um empreendedor deve trabalhar cuidadosamente sua rede de relacionamentos. Mais recentemente, temos visto o termo networking ser utilizado, mas é importante entender que relacionamento é um pouco mais do que networking. Relacionamento envolve maior conhecimento da pessoa, com certo grau de envolvimento emocional.

O networking não deve ser menosprezado, pois pode fornecer contatos que estarão eventualmente dispostos a ouvir a ideia do empreendedor. Porém, uma rede de relacionamentos que possua um sentimento positivo em relação ao empreendedor terá maior chance de conter potenciais investidores para o negócio. Naturalmente, as chances aumentam quando esta rede envolve pessoas influentes, com recursos e que estejam em busca de alternativas mais ousadas de investimentos.

Construir uma rede de relacionamentos não é uma tarefa trivial. Para Dornelas e colaboradores (2008), a chave para o sucesso é uma extensa rede de contatos, pois quanto mais pessoas se conhece, maior a probabilidade de encontrar pessoas certas. Os autores chegam a recomendar que o empreendedor estipule a meta de conhecer cinco ou mais pessoas por semana e manter o contato ativo com elas. Porém, há mais a fazer, pois relacionamentos exigem atenção. Prestar atenção e dar atenção a potenciais alvos de relacionamento é essencial.

Na primeira parte – prestar atenção – é preciso que o empreendedor procure ampliar o conhecimento sobre aquele em quem deseja focar o relacionamento. Na segunda parte – dar atenção – é necessário que o empreendedor procure construir e trabalhar contatos frequentes, que serão nutridos por interesses comuns.

Durante esses contatos, as pessoas irão conhecendo melhor o empreendedor, aumentando seu grau de confiança e descobrindo suas qualificações. Tudo isso será, no futuro, determinante para o momento em que o empreendedor tentar vender a ideia do seu negócio, procurando encontrar nos seus relacionamentos investidores potenciais.

Portanto, é importante que aquele que pretende se transformar em empreendedor cultive relacionamentos sociais e, se possível, faça parte de grupos e agremiações, pois estes sempre aumentam em muito os contatos e as possibilidades de relacionamentos estratégicos para o empreendimento.

Sem uma boa rede de relacionamentos, a obtenção de recursos por parte de um empreendimento que está começando fica muito difícil. Uma alternativa, neste caso, é o empreendedor vir a se associar a alguém que já tenha essa rede de relacionamento, por meio da oferta, em condições vantajosas, de participação no empreendimento. Mas, até para se encontrar esse sócio, é necessário ter relacionamentos suficientes que permitam localizar alguém que se encaixe nesse perfil.

Outra possibilidade, como veremos mais adiante, é a contratação de alguém que possua uma poderosa rede de relacionamentos, mas isso não é para a fase inicial do empreendimento, uma vez que envolverá custos proibitivos para um empreendimento que ainda não deslanchou.

Agora que abordamos os tipos de financiamento de empreendimentos, a adequação do tipo de financiamento e as qualificações necessárias, o próximo capítulo irá tratar das possíveis fontes de recursos a que o empreendedor poderá recorrer para estruturar seu negócio.

4

Fontes de recursos

Este capítulo irá tratar das principais fontes de recursos que o empreendedor pode utilizar para desenvolver seu negócio, como: recursos próprios, investidores FFF, investidor-anjo, recursos governamentais, capital de risco, IPO, debêntures, BNDES, Rhae e recursos advindos de investidores estratégicos.

Recursos próprios (bootstrapping)

Dadas as dificuldades de se conseguir capital de terceiros para ser aplicado em negócios ainda em fase inicial, em inglês utiliza-se o termo *bootstrapping* – que pode ser entendido como o início de um novo negócio sem (ou com pouca) ajuda externa – para se referir às estratégias do empreendedor para levantar capital próprio para ser utilizado no negócio. Pouquíssimos são os empreendimentos lançados sem os recursos pessoais do empreendedor (Hisrich, Peters e Shepherd, 2009). A utilização de *bootstrapping* aumenta de forma significativa o risco do empreendedor, pois ele arcará com a responsabilidade por qualquer capital investido na empresa. Um investidor que decidir hipotecar sua residência a fim de obter recursos em seu nome para serem redirecionados ao negócio estará utilizando um dos métodos de *bootstrapping*.

O que ganha o empreendedor com isso? A ausência de outros fornecedores de capital para o negócio dá ao fundador maior liberdade na gestão do empreendimento, sem ter de dar explicações acerca de suas decisões a outros investidores. Outra vantagem decorre da possibilidade de o empreendimento vir a ingressar em uma fase na qual se autossustente, gerando, inclusive, recursos suficientes para o próprio desenvolvimento. Nesse caso, o empreendedor se verá diante da situação ideal de ter um negócio sem dívidas e sem investidores que possam reclamar direitos quanto aos futuros lucros do negócio. O *bootstrapping* é uma forma de financiamento quase imperiosa, principalmente nos primórdios do desenvolvimento do negócio. Afinal, são poucos os registros de empreendedores que conseguem cedo obter comprometimento de recursos de outras pessoas e entidades apenas com uma ideia, embora isso não deva excluir as tentativas para que esses recursos sejam obtidos. Já vimos, no capítulo 3, que o capital próprio é mais caro do que o capital de terceiros.

Supondo que o futuro empreendedor esteja empregado e disposto a abrir mão do emprego para se dedicar ao desenvolvimento de um novo negócio, é aconselhável que acumule poupança para seu sustento pelo prazo mínimo de um ano, período em que poderá se dedicar integralmente ao empreendimento. Na verdade, melhor seria que a poupança pudesse durar dois anos, pois o tempo é uma variável fundamental para o sucesso de qualquer negócio. A existência de mais recursos próprios disponíveis diminuirá a pressão por resultados, no sentido de evitar decisões que, de outra forma, possam ser caracterizadas por impulsividade e inadequação.

Algumas modalidades de *bootstrapping* são questionáveis, principalmente aquelas nas quais o empreendedor contrai dívidas na pessoa física para proteger o empreendimento. O risco pessoal do empreendedor nestes casos aumenta muito, podendo apenas mudar o foco dos problemas do empreendimento para a pessoa física. É possível surgir uma situação em que as pressões sobre as dívidas pessoais do empreendedor alcancem tal monta a ponto de roubar o foco do negócio. Outra questão a ser considerada são os problemas familiares que daí podem decorrer, afetando o equilíbrio do empreendedor e comprometendo sua dedicação ao negócio.

Em muitos casos, depois de um início baseado no *bootstrapping*, o empreendedor vê a necessidade de obtenção de recursos de capital próprio advindos de fontes que não representem tanto risco, como os investidores FFF, conforme veremos a seguir.

Investidores FFF

Humoristicamente, o mercado costuma se referir a uma opção de recursos denominada de FFF, significando em inglês *family, friends and fools* (família, amigos e loucos). A ideia é que principalmente familiares e amigos estejam dispostos, com base em laços afetivos, a colocar recursos de baixo risco e com nítida intenção de ajudar o empreendedor. Nenhum empreendedor deve descartar essa possibilidade, mas também deve ser lembrado de que tais recursos não ajudam em nada a profissionalização do negócio. Porém, são inúmeros os casos em que o empreendimento só foi possível em razão dessa modalidade de recursos.

Na maioria das vezes, o empreendedor apela para esse tipo de recurso quando perseguiu uma estratégia de financiamento por *bootstrapping* e algo saiu errado. Familiares e amigos são os principais interessados em que o empreendedor seja bem-sucedido e, em muitos casos, enxergam nesse tipo de financiamento uma real oportunidade de investimento. Infelizmente, muitos desses financiamentos são feitos sem qualquer formalização, o que cria um potencial de futuro conflito. Assim, é importante que, mesmo não descartando uma opção tão tentadora de obtenção de recursos, o empreendedor procure formalizar as condições nas quais os recursos estão sendo cedidos. O ideal é que essa formalização seja feita com um compromisso da empresa em relação ao investidor FFF e não da pessoa física do empreendedor, que pode, em alguns casos, participar, como fiador da empresa.

Uma das grandes vantagens desse tipo de financiamento, leitor, é a possibilidade de renegociação das condições em circunstâncias adversas, não se constituindo, com raras exceções, em um risco para o empreendimento. Esse tipo de recurso também costuma causar menos problemas para o empreendedor quando é ofertado espontaneamente pelo potencial investidor FFF. Dessa maneira, tais recursos devem ser recebidos de braços abertos e, como recomendam Hisrich, Peters e Shepherd (2009), o empreendedor deve apresentar os potenciais riscos do investimento para tentar minimizar o impacto negativo sobre as relações com familiares e amigos se ocorrerem problemas.

Há outro tipo de recurso, com características mais profissionais, que pode ajudar a impulsionar o negócio. Trata-se daquele originado pelo que se convencionou chamar de *angel investor*, ou "investidor-anjo".

O investidor-anjo

O investidor-anjo é, na maioria das vezes, um investidor informal, tipicamente uma pessoa física bastante influente, que se dispõe a investir no projeto do empreendedor para alavancar o início do empreendimento. Isso é feito em troca de uma participação no negócio, que virá a render dividendos em caso de sucesso. Outras vezes ocorre na forma de uma dívida com cláusulas especiais que facilitem o pagamento por parte do empreendimento, podendo haver convertibilidade em participação no negócio, sob determinadas condições. Tipicamente, o investidor-anjo não estará envolvido com o dia a dia do negócio, mas acompanhará de perto seu desenvolvimento e fará de tudo para que o negócio dê certo, para colher os frutos do investimento. Se esse investidor-anjo tiver uma boa rede de relacionamentos, ou outros negócios que acrescentem sinergia ao empreendimento, o valor desse investidor para o negócio será muito superior ao valor monetário da participação.

É comum também o investidor-anjo ser um grande empresário com participações em diversas empresas. À medida que o empreendimento se expande, é possível tomar crédito a juros reduzidos junto a bancos por conta do aval ao crédito dado pelo investidor-anjo.

O grande problema, segundo Degen (2009), principalmente no Brasil, é encontrar investidores-anjo, sugerindo que o empreendedor deve ter um profundo conhecimento do setor para levantar uma boa rede de contatos. Geralmente, investidores-anjo concentram seus investimentos em setores específicos e estão sempre em contato com pessoas que servem de referência ou participam de eventos importantes – feiras, seminários etc. voltados a estes setores.

Pouco a pouco, já começam a surgir no Brasil esses investidores, que se organizam em grupos, de forma a potencializar o volume de capital a ser oferecido aos empreendedores. No exterior, há redes de investidores-anjo que procuram trocar informações e pesquisas sobre os melhores negócios a se investir.

Recursos governamentais

No Brasil, empreendedores também podem buscar recursos a fundo perdido – ou seja, recursos que não precisam ser posteriormente reembolsados – junto a fundações para incentivo à pesquisa, como a Financiadora de Estudos e Projetos (Finep), a Fundação de Amparo à Pesquisa do Estado do Rio de Janeiro (Faperj) ou a Fundação de Amparo à Pesquisa do Estado de São Paulo (Fapesp).

Outra possibilidade é a utilização de leis de incentivo à inovação e ao empreendedorismo. A Lei da Inovação Tecnológica (Lei nº 10.973/2004) – que foi regulamentada pelo Decreto-Lei nº 5.563/2010 – propicia maior integração entre o mundo acadêmico e o mundo tecnológico. Um pesquisador que deseje criar uma empresa pode fazê-lo pedindo uma licença à universidade, sem necessariamente se desligar em caráter definitivo. Além disso, permite que as empresas contratem pesquisadores universitários ou de institutos de pesquisa. A lei, também chamada de "Lei do Bem", alterou, quando regulamentada, as opções para a União colocar dinheiro nas empresas, admitindo até mesmo a hipótese de doações.

O volume de recursos públicos para as empresas ainda é pequeno, mas acaba funcionando como um selo de aprovação, uma vez que a empresa precisa se submeter a um processo de aprovação para obtenção dos recursos. Uma empresa que tenha recebido recursos públicos é vista positivamente por investidores, o que aumenta sua chance de conseguir mais recursos externos.

No entanto, é importante o empreendedor ter ciência de que receber recursos a fundo perdido implica uma contrapartida muitas vezes trabalhosa. Tais recursos precisam ser acompanhados pelos órgãos cedentes e por órgãos governamentais de auditoria, como os tribunais de contas (da União, dos estados ou municípios). Mesmo quando de pequena monta, os recursos exigem extensos relatórios de comprovação de seu destino por parte do empreendimento. Se, por algum motivo, a empresa falhar no atendimento às exigências, não só haverá restrições na cessão de novos recursos, como o empreendimento poderá ficar com um cadastro comprometedor, que, sendo público, poderá vir a dificultar quaisquer outros aportes futuros de recursos.

Venture capital – capital de risco

Dornelas, Timmons e Spinelli (2010:312) conceituam capital de risco como uma "indústria que oferece capital e outros recursos para os empreendedores em negócios com alto potencial de crescimento na esperança de conseguir uma alta taxa de retorno sobre os fundos investidos". Na maioria das vezes, a participação desses fundos é na liberação de recursos na forma de capital próprio para as empresas, ou seja, de participação acionária no negócio.

O principal risco para o empreendedor na obtenção deste tipo de recurso é que ele vem acompanhado de grandes exigências quanto à administração da empresa e, quase via de regra, da imposição de uma gestão compartilhada pelo fundo de capital de risco. O custo desses recursos também costuma ser muito elevado, se considerarmos a parcela de participação no capital próprio total da empresa exigida em contrapartida. Não são raros os relatos de empreendedores que não ficaram felizes com os resultados, uma vez que se viram com pouco poder sobre a gestão da empresa depois de terem se aberto para tais fundos.

Esses fundos tornam-se interessantes especialmente em dois casos: quando o empreendimento exige grande aporte de capital para seu sucesso e quando há problemas de gestão da empresa. Isto porque eles possuem profissionais altamente qualificados, além de forte relacionamento no mercado, podendo ser de grande ajuda quando a empresa está atravessando dificuldades com suas operações e seus processos. A principal restrição que se faz ao objetivo de tais fundos é o fato de focarem quase que exclusivamente na rentabilidade do capital empregado, levando o empreendimento em uma direção que pode, muitas vezes, ser contrária à dos sonhos que motivaram o empreendedor a iniciar o negócio

IPO de pequenas e médias empresas

Até o momento, pequenas e médias empresas não têm praticamente qualquer chance de realizar uma *initial public offering* (IPO) na Bolsa de Valores de São Paulo (BM&FBovespa) que, entretanto, vem divulgando sua meta de aumentar em 50% seu número de IPOs até o ano de 2015 (BM&FBovespa, 2008). Esse tipo de operação é muito comum no mercado norte-americano, o que facilita a capitalização das pequenas e médias empresas por lá, facilitando seu rápido desenvolvimento. Embora ainda não esteja em horizonte próximo, acreditamos ser importante mencionar que esta meta, uma vez concretizada, alterará totalmente as possibilidades de obtenção de financiamento de capital próprio para as empresas em estágio inicial no Brasil.

As vantagens desse tipo de financiamento não podem ser desprezadas. Uma delas é a visibilidade que a empresa toma e a chancela de uma importante instituição, como a BM&FBovespa. Tornando-se pública, a empresa consegue maiores volumes de capital, de forma pulverizada, o que não ameaça o controle de seu fundador. Além disso, as regras de transparência e as exigências de governança corporativa impõem padrões mais elevados na qualidade da administração da empresa. A cotação da ação na bolsa de valores passa a ser um termômetro para a administração da empresa quanto à aprovação das medidas estratégicas anunciadas ao mercado. Enquanto empresas de capital fechado cometem erros estratégicos e não sofrem qualquer alerta do mercado, as empresas de capital aberto costumam anunciar publicamente suas principais estratégias e se beneficiam das inúmeras análises feitas por especialistas do setor que podem validar ou apontar erros que, dessa forma, podem ser corrigidos ou evitados.

Outra grande vantagem da abertura de capital é a possibilidade de tanto o empreendedor quanto o investidor terem um mecanismo que proporcione liquidez para parte dos seus investimentos na empresa. A maior oportunidade de liquidez fará, sem dúvida, com que mais investidores tomem a iniciativa de se tornarem investidores de pequenos negócios, pois a questão da liquidez do investimento é um dos principais riscos enfrentados pelo investidor que acredita em um pequeno empreendimento.

Debêntures

Um dos principais problemas do empreendedor é conseguir recursos que viabilizem o desenvolvimento do empreendimento sem vir a perder o controle sobre ele. A obtenção de capital próprio, isto é, a emissão de cotas de participação, ou ações, tem a grande vantagem de colocar pouca pressão sobre a questão do risco, no que tange a exigências de pagamentos ao investidor. Por outro lado, quando um novo sócio é aceito no empreendimento ele compartilhará lucros futuros e também terá direito, como proprietário, de votar sobre as decisões tomadas no negócio. Na hipótese do sucesso do empreendimento, o empreendedor fundador verá sua participação nos lucros reduzida pelo menos em termos percentuais. Naturalmente, a ideia é de que, mesmo sendo uma participação menor, ela estará atrelada a um ganho maior. Melhor ter 60% de R$ 1 milhão do que 100% de R$ 100 mil.

Porém, há sempre bastante relutância do empreendedor em buscar capital próprio, principalmente se ele percebe que há ótimas possibilidades de sucesso do seu empreendimento. Por outro lado, a obtenção de capital de terceiros aumenta substancialmente o risco do empreendimento, uma vez que o mesmo precisa ser pago incondicionalmente e em prazo preestipulado. Geralmente, as condições dos financiamentos obtidos por meio de financeiras e bancos são estabelecidas por essas instituições. O empreendimento que se inicia tem pouca força na negociação com essas instituições quanto às cláusulas dos contratos. Via de regra, são cláusulas estipuladas previamente e colocadas como condições essenciais para a liberação dos recursos.

Uma possível solução para esse dilema pode ser encontrada no lançamento de títulos chamados de debêntures. Enquanto em um empréstimo todo o volume de capital de terceiros vem de uma mesma fonte, aumentando o risco para o investidor, que concentra substancial volume de recursos em um único empreendimento, no caso das debêntures o risco pode ser diluído entre diversos investidores.

De acordo com Gitman (1987), uma debênture é um certificado indicando que uma empresa tomou emprestado uma determinada quantia em dinheiro e que promete reembolsá-la em uma data futura, acrescida de juros. A condição para o lançamento de debêntures pela empresa é a constituição de uma escritura de emissão, registrada em cartório, na qual são descritos todos os direitos conferidos pela debênture e suas características.

Um dos problemas para a emissão de debêntures no Brasil é que a empresa deve estar constituída sob a forma de Sociedade Anônima (S/A). Por outro lado, não existe restrição de tamanho para a constituição de uma S/A, embora isso vá implicar custos maiores para a empresa, bem como a necessidade de satisfazer maiores exigências legais em termos de relatórios. No entanto, essas exigências maiores dos órgãos reguladores são vistas com bons olhos por futuros investidores, sejam eles investidores-anjo ou capitalistas de risco. Portanto, recomendamos que empreendimentos que tenham pretensão de forte desenvolvimento futuro e, por isso, venham a necessitar de grandes volumes de recursos sejam constituídos sob a forma de sociedades anônimas, ainda que de capital fechado.

A grande vantagem das debêntures está no fato de as mesmas poderem ser projetadas pela empresa para atender a um perfil de dívida que lhe seja mais conveniente. Dada a relativa complexidade no processo de elaboração de uma escritura de emissão, registro e efetiva emissão das debêntures, elas são usadas para financiamento da empresa no médio e no longo prazos. Não há restrição, *a priori*, quanto às características da debênture a ser lançada, além da preocupação que o empreendedor deve ter com sua colocação no mercado. Naturalmente, é mais difícil obter investidores para aquisição de debêntures que vençam em 10 anos do que para aquelas com prazos de maturidade de cinco anos.

Tomemos, como exemplo, uma nova empresa que transformou-se de sociedade limitada em sociedade anônima com o intuito de poder ser financiada pela emissão de debêntures. O empreendedor entende que a empresa precisa de recursos no valor de R$ 500 mil pelo prazo de três anos, quando acredita que o empreendimento já estará amadurecido o suficiente para fazer o reembolso do valor do principal. Digamos que diante de uma taxa Selic de 10,75% ao ano a empresa esteja propondo debêntures que pagarão 20% ao ano de juros, sinalizando para o mercado um prêmio de risco de 9,25% ao ano, e com maturidade de três anos. Observe que investidores individuais dificilmente vão conseguir uma taxa de rentabilidade tão atraente, principalmente em se tratando de pequenos valores.

Por outro lado, para a empresa, um custo de 20% ao ano é bastante interessante, considerados os juros normalmente solicitados pelos bancos, e também pela oportunidade de projetar o pagamento da dívida de acordo com as previsões feitas para o desenvolvimento dos negócios da empresa. Para reduzir o risco do investidor, a empresa pode lançar debêntures com valor de face de apenas R$ 5 mil, aumentando o número de potenciais investidores que estarão dispostos a ficar com este valor retido durante os três anos. Desta forma, a empresa se compromete a pagar ao investidor, nos primeiros dois anos, R$ 1 mil sob a forma de juros e, no último ano, pagar R$ 6 mil, sendo R$ 5 mil por conta do pagamento do valor de face da debênture e mais R$ 1 mil pelos juros vencidos no último ano. Assim, uma vez feita a escritura de emissão que estabelece as características da debênture, ela terá um fluxo de caixa predeterminado que será pago ao investidor que a adquirir.

A debênture tem grandes vantagens para a empresa por permitir à empresa obter recursos de longo prazo em volumes substanciais e a taxas bem melhores do que aquelas que seriam obtidas no sistema bancário. Porém, não deve haver ilusões quanto ao fato de a debênture ser uma obrigação e, portanto, criar sempre um risco maior para a empresa do que o que seria gerado pela obtenção de capital próprio.

Banco Nacional de Desenvolvimento Econômico e Social (BNDES)

Até bem pouco tempo, o BNDES não era uma opção para o financiamento de pequenos negócios. Mas isso vem mudando, embora de forma gradual. O BNDES já criou o cartão BNDES, voltado para micro, pequena e média empresas, que, em termos do banco, representam empresas com receita operacional bruta igual ou inferior a R$ 90 milhões. O cartão consiste em crédito rotativo de até R$ 1 milhão, pré-aprovado. A emissão do cartão BNDES é feita hoje pelos seguintes bancos: Banco do Brasil, Caixa Econômica Federal, Bradesco e Banrisul (BNDES, s.d.).

Os problemas envolvendo os recursos do BNDES estão ligados à substancial burocracia para se ter o sinal verde do banco, sendo que essa burocracia costuma aumentar, dependendo dos valores pleiteados. Além disso, é comum haver reclamações de empresários quanto ao cumprimento de metas e prazos para a efetiva liberação dos recursos em relação aos prazos inicialmente divulgados.

O apoio financeiro oferecido pelo BNDES é feito em três modalidades: financiamentos, recursos não reembolsáveis e subscrição de valores mobiliários das empresas. Os recursos do BNDES estão disponíveis para pessoas físicas residentes e empresas sediadas no Brasil e, também, para entidades da administração pública, quer seja direta ou indireta.

Programa de capacitação de recursos humanos para atividades estratégicas (Rhae)

O Conselho Nacional de Desenvolvimento Científico e Tecnológico (CNPq) possui um programa que permite financiar, por meio de bolsas, empregados de empresas nascentes consideradas de áreas estratégicas. O Programa de Capacitação de Recursos Humanos para Atividades Estratégicas (Rhae) do CNPq oferece bolsas para funcionários que estejam envolvidos em atividades de pesquisa e desenvolvimento de novas tecnologias. O empreendedor, dessa forma, consegue contratar mão de obra especializada que será paga com os recursos do Rhae. Ele é designado como coordenador do projeto e é quem define os empregados que deverão receber a bolsa do Rhae. O programa funciona em um esquema de subvenção econômica por meio de concessão de bolsas para o desenvolvimento científico ou tecnológico, sendo direcionado apenas a pessoas jurídicas e no limite de recursos de R$ 300 mil. Os agraciados com as bolsas devem fazer relatórios periódicos sobre o desenvolvimento do projeto, que ficarão sob a tutela geralmente do empreendedor. Ao final do projeto um relatório sobre o mesmo deve ser encaminhado ao CNPq (Rhae, s.d.).

Recursos advindos de investidor estratégico

É chamado de investidor estratégico aquele cliente que possui interesse no desenvolvimento do empreendimento. É comum esse interesse se referir ao desenvolvimento de escala na produção de algum bem ou serviço. Nesses casos, o cliente da empresa assina um contrato de parceria no qual fornece recursos de ordem financeira, apoio administrativo, orientação operacional ou qualquer outro que seja necessário para que o empreendimento venha a atingir o objetivo do cliente. Nesses casos, o empreendimento terá metas a atingir, podendo, durante certo período, funcionar na prática como uma divisão do cliente. Costuma ser uma parceria altamente interessante tanto para o empreendimento que se inicia quanto para o cliente.

Agora que vimos as diversas fontes de recursos existentes, o próximo capítulo será dedicado à análise dos riscos inerentes ao negócio, bem como a algumas instituições de apoio que auxiliam o empreendedor a mitigá-los.

5

Avaliação e mitigação dos riscos dos negócios

Este capítulo irá mostrar a importância da identificação antecipada dos riscos, pois somente desta maneira o empreendedor pode pensar em formas de reduzi-los por meio do planejamento de ações objetivas. O elemento risco é impossível de ser evitado em qualquer empreendimento, mas pode ser melhor conhecido, compreendido e controlado. Iremos relatar, também, algumas instituições de apoio ao empreendedor.

Riscos que podem ocorrer na fase de estruturação de um empreendimento

O empreendedor como principal fator de risco

O empreendedor é o centro e a semente a partir da qual será desenvolvido todo o empreendimento. Geralmente, é ele quem tem a ideia e, principalmente, quem tem a maior motivação para levar o projeto adiante. Imagine, leitor, que durante o início do empreendimento alguma coisa venha a acontecer com o empreendedor. Se ele, por algum motivo, vier a falecer será quase certo o término do empreendimento, com total prejuízo para todos aqueles que nele apostaram, como o investidor-anjo, por exemplo. Para Longenecker e colaboradores (2007), pode-se mitigar este risco pela aquisição de uma apólice de seguro, tendo como beneficiário o investidor. Como um falecimento pode ser motivado tanto por causas naturais quanto por acidente, o risco pode ser reduzido se também for exigido do empreendedor um checkup médico completo. É importante que o investidor considere os hábitos de zelo com a saúde mantidos pelo empreendedor. Naturalmente, como apólices de seguro representam custos, este tipo de procedimento só será feito para o investidor-anjo, por exemplo, se for exigido como condição para o fornecimento dos recursos.

Curiosamente, são encontrados vários casos em que o investidor-anjo coloca recursos na empresa sem exigência de contrapartida de seguro. Em conversas com alguns investidores-anjo, fomos surpreendidos pelo relato de que sequer haviam considerado esse tipo de risco por ocasião da avaliação do empreendimento.

Outra possibilidade, continuam Longenecker e colaboradores (2007), é a ocorrência de um problema sério de saúde que venha a comprometer a participação do empreendedor no desenvolvimento da empresa durante um período crítico da existência do empreendimento. A maneira de reduzir esse risco é, primeiramente, a utilização de um seguro-saúde com ampla cobertura. A ideia é evitar que a enfermidade venha a comprometer recursos poupados para o sustento do empreendedor pelo tempo em que ele se dedicar ao negócio, antes de este vir a gerar receita suficiente para seu sustento. Uma segunda medida sugerida é uma apólice de seguro que garanta, durante um prazo razoável, uma remuneração para o empreendedor durante o período de afastamento. Por fim, pode-se considerar também a preparação de uma pessoa de confiança do empreendedor que possa substituí-lo, da melhor forma possível, em caso de afastamento.

A saúde financeira do empreendedor

O empreendedor, na maioria das vezes, dedica-se totalmente ao empreendimento, deixando empregos formais e propondo-se a arriscar substancial volume de recursos necessários para seu sustento, enquanto se dedica ao empreendimento. Em resumo, o empreendimento depende do empreendedor, que, por sua vez, depende de sua saúde financeira para se dedicar à nova atividade. Inclusive, a capacidade de tomar decisões do empreendedor, de forma objetiva e sensata, depende do fato de ele se sentir seguro e ter segurança financeira para sua família. Portanto, é absolutamente essencial que ele obtenha uma poupança suficiente para que tenha tempo e tranquilidade para a dedicação integral ao empreendimento.

Isso nos leva à questão de que o empreendedor deve separar especificamente os recursos que serão utilizados durante a fase em que a empresa ainda não consegue prover seu sustento. É preciso que o tempo disponível para o empreendedor fazer com que o empreendimento deslanche seja corretamente avaliado. Se, por exemplo, a empresa exigir dedicação integral de dois anos antes de apresentar resultados, e o empreendedor tiver recursos para seu sustento por apenas um ano, haverá uma defasagem que poderá comprometer sua dedicação e, consequentemente, o sucesso do próprio empreendimento.

Problemas com o empregador anterior

Um grande e comum risco que paira sobre empreendedores do mundo inteiro, leitor, é a percepção de seus antigos empregadores de que a ideia que deu origem ao empreendimento, ou o know-how, ou ainda a tecnologia tenham sidos obtidos por ocasião em que o empreendedor era seu funcionário. Existem muitas ações judiciais iniciadas por antigos empregadores que imputam ao empreendedor uma apropriação indébita de conhecimento que foi desenvolvido pela empresa em que trabalhava. Esse risco torna-se maior à medida que o novo empreendimento tenha sucesso e venha, de alguma forma, a ameaçar o mercado do empregador anterior.

A solução para tal problema deve ser pensada concomitantemente ao desligamento da empresa em que o empreendedor anteriormente trabalhava. Sugere-se a contratação de um escritório de advocacia especializado em propriedade intelectual para que seja formalizado um termo de distrato (acordo feito pelas partes contratantes pelo qual se extingue o vínculo originado do contrato) no qual constarão todos os projetos em que o empreendedor trabalhou, as tecnologias a que teve acesso, os conhecimentos proprietários que adquiriu e tudo mais que for do entendimento dos advogados que possa, no futuro, ser alegado como apropriação indébita de propriedade intelectual.

Costuma acontecer de o empreendedor, de boa fé, se envolver em um novo empreendimento e ser, posteriormente, acusado de apropriação lesiva ao antigo empregador. Mesmo que a acusação seja injusta, ela envolverá processo judicial que em nada ajudará o empreendimento e que poderá gerar custos, tanto financeiros quanto de tempo, que venham a inviabilizar o novo projeto. O termo de distrato anteriormente proposto é a solução que demonstra para o antigo empregador a boa-fé do empregado que se lança no mundo dos novos negócios.

Risco de apropriação intelectual indevida por parte de um empregado

Alguns empregados da empresa terão contato direto com clientes, que podem ver neles uma solução mais barata para contratação, principalmente quando se tratar de serviços. É muito comum clientes tentarem reduzir custos e obterem novas tecnologias por meio da oferta de emprego a funcionários de empresas concorrentes. Outra possibilidade é o próprio funcionário abrir uma empresa e se tornar um futuro competidor.

A maneira de lidar com esse risco passa também pela consultoria de um escritório de advocacia especializado em propriedade intelectual. O empregado que vier a trabalhar no novo negócio deverá assinar um termo de confidencialidade e de não competição desleal que assegure a propriedade intelectual do empreendimento. O contrato deve ter cláusulas severas de punição, utilizando a legislação vigente, de forma a desestimular os empregados a qualquer aventura fortuita. Sugere-se, ainda, que o alerta para os riscos da violação dos termos do contrato seja exposto pelos advogados da consultoria, deixando claro para o empregado a seriedade com que a empresa vê o problema. O empregado, depois de sair da empresa, deve ainda notificar seu antigo empregador sobre seu paradeiro para que possa ser acompanhado quanto ao cumprimento do acordo firmado.

Risco de perda acidental de ativos reais tangíveis críticos

Ativos reais são aqueles utilizados pelas empresas para a criação de riqueza. Uma parte é constituída por ativos reais tangíveis e outra por ativos reais intangíveis. Determinados negócios possuem ativos tangíveis de difícil reposição, ou que precisam de muito tempo para reposição em caso de sinistros, como incêndio ou furto.

Dessa maneira, não basta apenas a aquisição de apólices de seguro que irão reembolsar o empreendimento pelos ativos perdidos, pois o tempo de reposição, ou a dificuldade, pode comprometer contratos com clientes estratégicos. Esse tipo de risco pode ser reduzido por meio de medidas de prevenção, embora não se deva descuidar de providências de reposição.

Os dois tipos de sinistros mais comuns que acometem novas empresas, no que se refere aos ativos tangíveis, são furtos e incêndios. Recomenda-se, portanto, ao empreendedor que possua esses tipos de ativos que não se preocupe tanto com os custos quando chega a hora de instalar sua empresa em um local mais seguro. Prédios comerciais com segurança costumam apresentar custos de aluguel e de condomínio maiores, porém tornam-se mais vantajosos quando consideramos as consequências de um sinistro.

A probabilidade menor de furtos de equipamentos estratégicos reduz de forma consistente a perda por parte da empresa. O custo adicional deve ser visto como tendo em contrapartida benefícios mais vantajosos do que os de um seguro, pois enquanto este último procura apenas viabilizar a reposição, a prevenção com a utilização de instalações mais protegidas reduz a probabilidade do sinistro em si. Ações como câmeras de monitoramento, dispositivos de alarme, segurança, entre outras, evitam os prejuízos causados pelo furto de equipamentos.

Risco de perda acidental de ativos reais intangíveis

Um dos principais ativos reais intangíveis com que diversas empresas contam é o software. O processamento de informações estratégicas e as bases de dados utilizadas por esses softwares, como é o caso dos dados referentes aos clientes da empresa e aos processos tecnológicos por ela utilizados, devem receber especial atenção. A existência de uma política severa e consistente de backup é fundamental. Há empresas nas quais a perda de dados estratégicos pode determinar simplesmente o término do empreendimento.

É comum o estabelecimento de backups dentro das próprias instalações da empresa. Esse tipo de backup é útil no caso de panes de sistema de pequena monta e localizadas. Mas o empreendedor deve se precaver também contra eventos de maior proporção. Dependendo da frequência com que as informações estratégicas são alteradas, e também do dano que pode resultar de um sinistro envolvendo tais informações, é preciso que haja uma política diária de proteção das informações em instalações fisicamente distantes das instalações da empresa. Casos que ficaram famosos foram de empresas situadas em uma das torres gêmeas do World Trade Center em Nova York, que faziam o backup de suas informações em salas situadas na outra torre, por motivos de conveniência.

O risco da terceirização de serviços estratégicos

Colocar um backup de arquivos em uma mesma unidade de memória na qual estejam os arquivos é simplesmente uma temeridade, e constitui um erro grosseiro a ser evitado mesmo por aprendizes de tecnologia da informação. O quadro 5 exemplifica esse tipo de risco.

Quadro 5
EXEMPLO DE RISCO DA TERCEIRIZAÇÃO DE SERVIÇOS ESTRATÉGICOS

O site <www.migre.com> se viu na situação de perder informações de mais de 10 milhões de clientes por ter confiado seus dados a um serviço terceirizado, sem ter verificado antes as condições de proteção de dados desse serviço. Convém ressaltar que a atitude do empreendedor foi a mais correta possível diante da situação em questão. O responsável pelo site postou no YouTube um vídeo com duração de 7m41s no qual explicou, emocionado, o que havia ocorrido, pedindo desculpas a todos os seus clientes. Depois de mais de 24h fora do ar, foi possível o restabelecimento do serviço, pelo fato de o próprio empreendedor ter um backup do código fonte do programa, mas toda a base de dados dos clientes foi perdida.

Nem sempre é possível ao empreendedor, por razões de custo, evitar a transferência para terceiros de serviços estratégicos. Porém, é fundamental que, nesses casos, o empreendedor investigue detalhadamente as condições nas quais o serviço vai ser prestado. Também é importante que se estabeleça um contrato com cláusulas que envolvam ressarcimento em caso dos erros do terceirizado virem a causar danos ao empreendimento. No entanto, qualquer atitude de prevenção será sempre melhor do que ações que procurem amenizar prejuízos, embora estas também não devam ser ignoradas.

Risco referente ao tempo e ao tamanho do ticket médio do empreendimento

Outro fator que influencia a percepção de risco do investidor externo ao negócio que se inicia é seu tempo de maturação e o chamado *ticket* médio do empreendimento.

É extensa a variedade de negócios que podem ser montados. Alguns procuram desenvolver e vender produtos enquanto outros dedicam-se aos serviços. Um negócio que precise de muito tempo de pesquisa e desenvolvimento para chegar ao produto acabado ou ao serviço que será colocado no mercado terá, de uma forma geral, maior dificuldade na obtenção de recursos. Para tanto, basta compreendermos que o investidor vê no tempo um adversário que aumenta as probabilidades de haver problemas que impeçam o sucesso do empreendimento. Outra questão relevante é o *ticket* médio do produto ou serviço a ser vendido. Quando o *ticket* médio é baixo, isto significa que a obtenção da primeira venda, após estar pronto o produto ou serviço, será feita de forma mais rápida, permitindo maior feedback por parte dos clientes, bem como eventuais ajustes.

Se por um lado um *ticket* médio menor permite a entrada no mercado mais rapidamente, por outro exigirá um esforço maior na obtenção de volumes de venda para que o faturamento possa se tornar significativo. Um *ticket* médio muito elevado provoca problema quanto à dificuldade de se efetuar a primeira venda.

Poucos clientes estão dispostos a arriscar quando se trata de valores elevados envolvendo empresas iniciantes e sem uma carteira consolidada de clientes.

Agora que vimos os riscos associados ao negócio, iremos examinar algumas instituições brasileiras que contribuem para minimizar o risco do negócio.

Instituições de apoio ao empreendedor

Antes de iniciar o processo de busca de recursos para novos empreendimentos, o empreendedor poderá necessitar de apoio e consultoria para melhor avaliar suas necessidades de recursos e identificar as fontes mais adequadas. Além disso, pode precisar de ajuda, também, para percorrer os meandros dos procedimentos e burocracias existentes para a obtenção desses recursos.

Há órgãos catalisadores da atividade empreendedora que podem muito bem fazer esse papel de consultor. Dois deles são importantes e devem ser mencionados, apesar de diretamente não serem entidades fornecedoras de recursos: o Serviço de Apoio às Pequenas e Médias Empresas (Sebrae) e o Instituto Endeavor. Além desses, as incubadoras também têm um papel importante para o empreendedor que está iniciando.

Serviço de Apoio às Pequenas e Médias Empresas (Sebrae)

O Sebrae não é um órgão fornecedor de recursos, mas suas atividades são importantes para a obtenção de capital, uma vez que atua como catalisador das qualificações necessárias para o empreendedor vir a compreender as necessidades de recursos e ter orientação sobre as melhores fontes para sua obtenção.

O apoio do Sebrae é particularmente adequado para empreendedores que não tenham proximidade com o meio empresarial, com poucas noções de administração e sem tempo para cursos mais avançados, como os de pós-graduação. O Sebrae pode dar uma excelente contribuição na formação e qualificação desses empreendedores, além de promover encontros de empreendedores, visando à troca de informações sobre as experiências de empreendedores nacionais e estrangeiros. Oferece, também, cursos, palestras e informações de gestão e consultoria. Embora não empreste recursos, o Sebrae fornece informações e consultoria para aproximar o empreendedor das diversas alternativas de fontes de financiamento para sua empresa, atuando como redutor de barreiras e facilitador na obtenção de informações e recursos de órgão públicos e privados.

Instituto Endeavor

O Instituto Empreender Endeavor foi criado a partir de uma parceria com a Endeavor Initiative Inc., uma organização internacional, sem fins lucrativos, que promove o empreendedorismo em países em desenvolvimento. A sede do Endeavor Initiative Inc. é em Nova York, onde foi criada em 1997 por um grupo de alunos da Universidade de Harvard. A ideia desta iniciativa é replicar a mentalidade empreendedora, tão valorizada nos Estados Unidos, em países em desenvolvimento. Atualmente, o instituto opera em 11 países por meio de parcerias, e é patrocinado por empresários e parceiros locais que mantêm uma administração independente.

O Endeavor oferece uma variedade de casos bem-sucedidos no Brasil que podem ser estudados e que são relatados no site do instituto (www.endeavor.org.br). Funciona como um catalisador de negócios, de forma análoga ao Sebrae, porém com um componente internacional de suas experiências nos países onde atua. O apoio aos empreendedores é feito por meio de uma rede de relacionamentos tanto nacional quanto internacional.

O tipo de apoio fornecido pela Endeavor tem duas vertentes. Uma é coletiva, aberta a todo e qualquer empreendedor, e a outra é individual, dirigida somente para empreendedores e empreendimentos que tenham sido escolhidos pelo processo de seleção do instituto. Tanto em um caso quanto no outro, os empreendedores têm direito a consultoria a respeito de fontes de financiamento para a empresa e a orientação sobre casos específicos de necessidades de obtenção de recursos.

Incubadoras de negócios

As incubadoras de negócios estão na mesma categoria de catalisadores de empreendimentos que podem ajudar indiretamente na obtenção de recursos. Se por um lado as incubadoras de empresas não propiciam diretamente a obtenção de recursos, elas, sem dúvida, colocam um selo de qualidade na empresa que é aceita pela incubadora. O selo da incubadora aumenta o poder de persuasão do empreendedor na sua busca por investidores individuais.

As incubadoras possuem processos de seleção que rejeitam rapidamente negócios sem as condições mínimas de sucesso e, portanto, uma decisão a ser considerada é a participação de uma empresa em uma incubadora, visando à obtenção deste aval. As incubadoras exigem um plano de negócio bastante convincente e também avaliam cuidadosamente as possibilidades de sucesso do empreendedor em si. Por outro lado, participar de uma incubadora envolve custos, muitas vezes maiores do que os decorrentes da instalação da empresa fora deste ambiente. As chances de participar de uma incubadora aumentam também se a empresa, de alguma forma, já estiver operando.

Um grande benefício das incubadoras é o fato de que a maioria delas está sediada em universidades, permitindo, por meio do convívio acadêmico, a identificação de pessoas adequadas para trabalhar na empresa e o acompanhamento de pesquisas desenvolvidas nas universidades, o que vem a ser mais relevante, principalmente no caso de empresas que envolvem inovações tecnológicas.

Outro importante benefício do vínculo com uma incubadora é a oportunidade de estar lado a lado com dezenas de empresas que também estão em fase inicial e que possuem problemas semelhantes. As incubadoras costumam organizar rodadas de apresentação das diversas empresas incubadas em seminários nos quais são discutidos problemas comuns e específicos para determinados tipos de empresas. Tentar entender as particularidades de financiamento das diversas empresas incubadas pode ser de grande valor para o empreendedor, apontando caminhos não antes imaginados e mostrando dificuldades em rotas já percorridas por empresas semelhantes.

Embora a história de cada empresa apresente particularidades, grandes lições podem ser aprendidas sobre o que fazer ou evitar, sobre o que esperar, ou não, de determinado plano de financiamento, por exemplo.

Neste capítulo vimos como identificar e mitigar os principais riscos associados ao negócio, bem como algumas instituições de apoio que ajudam o empreendedor a diminuir tais riscos. No próximo capítulo, iremos tirar o foco no empreendimento em si e começar a examinar outros tipos de empreendedores, abordando o empreendedor corporativo.

6

Empreendedorismo corporativo: o intraempreendedor

Agora, que já analisamos com mais profundidade alguns aspectos relacionados ao empreendedorismo, iremos abordar um tema que vem sendo discutido com mais frequência no ambiente corporativo brasileiro, o empreendedorismo corporativo. Para tanto, inicialmente conceituaremos o empreendedorismo corporativo, para então discutir dois casos clássicos de intraempreendedorismo – Art Fry, o inventor do Post It, e Ten. William Sims. A seguir, discutiremos algumas barreiras à implantação de uma cultura intraempreendedora nas empresas, para então concluirmos o capítulo com algumas recomendações às empresas.

Conceito

O termo empreendedorismo corporativo abrange uma série de termos próximos, como bem aponta Hashimoto (2006), o que acaba gerando certa confusão. Muitas vezes utilizamos o conceito de empreendedorismo corporativo para nos referir a empreendimentos corporativos (*corporate ventures*), que são novos negócios originados dentro de uma empresa mãe e que se tornaram, depois, empresas independentes. Um exemplo disto é a Atos Origin, empresa da área de informática que foi criada dentro da Phillips.

Utilizamos também como sinônimo de empreendedorismo corporativo o termo intraempreendedorismo, que é a propensão que os funcionários de uma empresa possuem para agir de forma empreendedora e cujo exemplo mais ilustrativo é o de Art Fry, funcionário da 3M que inventou o Post It.

O termo empreendedorismo corporativo abrange ainda mais dois conceitos: empreendedorismo organizacional e alianças corporativas (Hashimoto, 2006). O empreendedorismo organizacional ocorre quando a empresa é capaz de criar uma cultura interna que incentiva fortemente o empreendedorismo e a inovação entre seus funcionários. A Odebrecht, por exemplo, ao incentivar que os gestores das obras tenham liberdade para contratar suas equipes e tocar as obras como se fossem seus próprios empreendimentos, é um exemplo de instituição que encoraja o empreendedorismo organizacional. Já as alianças corporativas dizem respeito ao desenvolvimento da capacidade inovadora a partir do relacionamento com pequenos negócios por meio de alianças. A indústria automobilística, por exemplo, é famosa por suas alianças com fornecedores de peças.

Neste capítulo, iremos nos concentrar no intraempreendedorismo que, como foi explicitado, é a capacidade que os funcionários de uma empresa têm para agir como empreendedores. Relativamente novo no Brasil, o termo intraempreendedorismo foi cunhado há pelo menos duas décadas pelo norte-americano Gifford Pinchot, para o qual o intraempreendedor é aquele que assume a responsabilidade pela criação de inovações de qualquer espécie dentro de uma organização (Pinchot, 1985).

Analisando tal definição, podemos perceber que o intraempreendedorismo não está restrito aos altos escalões de uma empresa. A inovação pode ocorrer dentro do âmbito de atuação de cada funcionário, dependendo apenas de seu perfil e das condições que a empresa oferece para que isso ocorra. Por isso, cada vez mais as empresas estão demandando profissionais com perfil empreendedor, capazes de transformar a realidade das empresas.

Casos de intraempreendedorismo

Um dos casos mais interessantes de intraempreendedorismo relatado pelos livros de administração é a criação do Post It por Art Fry, funcionário da 3M, em 1974 (Pinchot, 1985; Simantob e Lippi, 2003). Art, ao criar os pedaços de papel que colam e descolam, teve de batalhar um bom tempo antes de ter sua ideia implementada. Eram barreiras vindas de todo os lados: a área de produção argumentava que o protótipo de uma máquina para fabricar o Post It levaria no mínimo seis meses, mas Art construiu o protótipo em sua casa, em um fim de semana de trabalho ininterrupto; o departamento de pesquisa de mercado concluiu que o produto não seria vendável, mas Art distribuiu amostras e provou que havia demanda para o Post It.

Não se trata de uma empresa pequena, sem recursos ou sem tradição em inovação. Trata-se da 3M, uma das empresas reconhecidamente mais inovadoras do mundo. E por que foi tão difícil para Art Fry inovar, mesmo na 3M? Porque o intraempreendedorismo mexe com estrutura de poder e com a zona de conforto das pessoas e, por isso, é um grande desafio criar uma cultura voltada ao intraempreendedorismo. Art Fry, após o Post It, já não era mais visto como o químico de um dos laboratórios da empresa, e sim como o responsável por trazer milhões e milhões de dólares para a 3M.

Essa questão da dificuldade de as pessoas aceitarem a inovação foi excelentemente exemplificada em um caso de ensino denominado Sir Percy Scott, desenvolvido pela Babson

College, uma escola norte-americana focada em empreendedorismo (Andreassi, 2005). No século XIX, nas batalhas entre navios, praticamente não se utilizavam canhões em função da dificuldade de acertar os alvos. Isto porque, com as oscilações provocadas pelo movimento do mar, era praticamente impossível obter sucesso nos disparos. Em 1889, um oficial na Marinha britânica, chamado Percy Scott, introduziu um mecanismo no suporte dos canhões que se movimentava em fase com o movimento marítimo, de tal modo que o índice de acerto nos alvos aumentou 3.000%.

Em 1900, um jovem tenente norte-americano, William Sims, observando o tal mecanismo na Marinha britânica, reportou o que viu a seus superiores hierárquicos. Como não recebeu resposta, e era persistente, escreveu para o escritório central em Washington, que refutou o relatório do tenente Sims. A alegação é que a ideia foi testada e provou ser ineficaz, já que seria impossível arranjar pessoas fortes o suficiente para movimentar os canhões em fase com o movimento marítimo. A equipe que testou a ideia chegou a esta conclusão porque a testou não no mar, onde a oscilação do navio diminui consideravelmente o esforço necessário para movimentar os canhões, mas sim em terra firme.

O tenente Sims escreveu novamente ao escritório central afirmando que a ideia não tinha sido testada propriamente e ganhou, com isso, uma repressão por parte do seu superior hierárquico, por ser um causador de problemas, sendo aconselhado a cuidar tão somente dos afazeres que lhe diziam respeito. Sims, que não desistia facilmente, escreveu então ao presidente Roosevelt, que designou um inspetor para ouvir sua história. O procedimento foi então aplicado com muito sucesso, e Sims foi reconhecido e admirado pela suas contribuições à Marinha norte-americana.

Este caso, juntamente com o caso da criação do Post It, são exemplos de como é difícil para as organizações aceitarem o intraempreendedorismo, principalmente quando as ideias vêm de funcionários que não fazem parte da alta hierarquia da empresa. Exemplificam também uma característica compartilhada por um grande número de empreendedores e intraempreendedores – a persistência. As barreiras a serem superadas são muitas, como veremos no item a seguir.

Barreiras a serem superadas

Para que o intraempreendedorismo floresça em uma organização é preciso, leitor, antes de mais nada, superar algumas barreiras. A primeira delas é a intolerância da empresa em relação a riscos e fracassos. Imagine um funcionário cujo colega tenha sido demitido porque um projeto que ele propôs fracassou. A probabilidade de este funcionário propor um projeto inovador é praticamente nula; afinal é muito mais seguro ficar no "feijão com arroz" ou, quando muito, sugerir uma inovação incremental.

Outra barreira é a autonomia para os funcionários desenvolverem seus próprios projetos. A regra dos 15% da 3M, na qual seus empregados podem aplicar até 15% do seu tempo no desenvovimento de projetos de sua escolha, é um bom exemplo, muito embora a própria 3M não a aplique indiscriminadamente, já que esta regra é restrita a algumas áreas.

Vale citar, também, a questão dos patrocinadores internos. Aquelas empresas cuja alta direção é adepta da regra "eu ganhei, nós empatamos, vocês perderam" seguramente não irão incentivar o intraempreendedorismo. O patrocinador interno é aquele indivíduo, da alta cúpula, que se compromete e apoia seus empreendedores, abrindo portas, favorecendo contatos, garantindo recursos para que as ideias sejam testadas e desenvolvidas. E, certamente, é aquele que compartilha os riscos caso o empreendimento não se concretize.

Para finalizar, a questão do financiamento de novas ideias é outra barreira a ser vencida. Se a organização puder utilizar parte dos ganhos advindos de novas ideias para financiar outras, cria-se um círculo virtuoso que poderá proporcionar altos retornos no longo prazo. Algumas empresas estão criando fundos especificamente destinados a apoiar novos empreendimentos internos.

Criar ações como as vistas acima é importante para consolidar uma prática que favoreça o intraempreendedorismo e a inovação, ajudando a consolidar uma cultura intraempreendedora na empresa, conforme veremos na próxima seção.

Criando uma cultura intraempreendedora

Empreender internamente tem suas vantagens, tanto para o empreendedor quanto para a empresa. A intensificação da concorrência verificada nas últimas décadas aliada ao aumento da exigência dos consumidores e os cada vez menores ciclos de vida dos produtos acaba tornando bem mais difícil a introdução de novos produtos no mercado, principalmente em setores mais consolidados. Nesse contexto, empreender internamente pode ser uma opção interessante, pois o empreendedor conta com toda uma gama de recursos da organização: recursos humanos, financeiros, técnicos, além de uma marca reconhecida, que acaba fazendo a diferença na hora de empreender.

Para a empresa, leitor, o intraempreendedorismo certamente traz vantagens, pois permite que aumente sua competitividade frente às rivais, seja nos produtos tradicionais ou em novas áreas de atuação. Outra vantagem é que a inovação acaba se espalhando para as diversas áreas da organização. Se antes a inovação ficava restrita à área de P&D, hoje a tendência é que ela se mescle com outras áreas – marketing, produção e engenharia, aumentando sua eficácia e, muito importante, reduzindo o tempo de introdução de novos produtos no mercado.

Para finalizar, se uma empresa pretende incrementar seu nível de empreendedorismo interno, vale a pena estar atenta a algumas questões de vital importância. Por exemplo, os funcionários de todos os níveis têm de sentir, por meio de exemplos de seus gestores, que as boas ideias são consideradas e realmente levadas adiante. O clima de abertura a novas ideias, com proteção para o caso de fracasso ou mesmo inviabilidade, é fundamental para a construção de confiança entre o empreendedor e a empresa.

Além disso, estudos (Hamel, 2000) demonstram que a remuneração é uma destacada maneira de estimular o surgimento de ideias inovadoras. Embora não haja consenso sobre como essa remuneração deve ser feita, se em grupo ou individual, se em dinheiro ou em prêmios, algo parece certo entre diversos especialistas – se a empresa quiser ser competitiva nesses tempos, ela terá de descobrir formas de reconhecimento legítimas para seus empreendedores.

Com base em Hisrich, Peters e Sheperd (2009), resumimos os pontos discutidos anteriormente, apresentando as principais características de um ambiente intraempreendedor:

- a organização opera nas fronteiras da tecnologia;
- novas ideias são estimuladas;
- há incentivo para tentativa e erro;
- fracassos são permitidos;
- recursos estão disponíveis e acessíveis;
- há abordagem de equipe multidisciplinar;
- tem horizonte de longo prazo;
- opera programas de voluntariado;
- há sistema de recompensa adequado;

- tem disponibilidade de "padrinhos" para os projetos inovadores;
- há apoio da alta administração.

Este capítulo mostrou que ter um negócio próprio não é a única forma de o comportamento empreendedor se manifestar, uma vez que é possível ser empreendedor trabalhando em uma empresa de terceiros, fenômeno este conhecido por intraempreendedorismo. No entanto, o grande desafio é fazer com que as organizações vençam as barreiras e consigam criar uma cultura interna que efetivamente suporte o intraempreendedorismo. No próximo capítulo, iremos analisar outro tipo de empreendedorismo, o empreendedorismo social.

7

Empreendedorismo social

Neste capítulo, abordaremos os principais aspectos do empreendedorismo social. Inicialmente, apresenta-se o terceiro setor enquanto ambiente econômico. Na sequência, são discutidas as características do empreendedorismo social e o perfil do empreendedor social. A seguir, são identificadas as organizações sociais e discutidos seu papel e importância no contexto socioeconômico. Finalmente, assinalamos os aspectos relevantes que devem ser considerados na elaboração dos planos de negócio destinados a tais organizações.

Nem sempre o único objetivo do empreendedor é a obtenção de resultados particulares. Em muitas situações, ele também pode perceber a oportunidade de, além de produzir os próprios ganhos, gerar benefícios sociais a seus clientes. Essa atuação se relaciona aos empreendimentos cujas operações alcançam o chamado terceiro setor da economia e englobam os aspectos sociais e econômicos de diferentes indivíduos e comunidades. Diante disso, muitos empreendedores sentem-se inspirados a desenvolver empreendimentos cuja missão e visão sejam claramente sociais. Porém, nesse caso, enfrentam desafios adicionais que precisam ser conhecidos, considerados e trabalhados de modo específico para conciliar expectativas econômicas e sociais num mesmo ambiente de negócio.

É evidente que, na área social, o empreendedor precisa utilizar ferramentas de análise e de gestão que também possibilitem a profissionalização dos atores e das atividades das organizações. Dados o efeito multiplicador das atividades e a importância dos retornos esperados, é fundamental que tais ferramentas possibilitem o planejamento estratégico e garantam a sustentabilidade das organizações que representam e consolidam o empreendedorismo social.

Para facilitar o entendimento do que seja o empreendedorismo social, apresentamos, leitor, a seguir, algumas considerações sobre o terceiro setor da economia, que é o ambiente no qual as ações sociais se desenvolvem.

O terceiro setor da economia

De acordo com Ashoka e McKinsey (2001), o termo terceiro setor passou a ser utilizado, a partir dos anos 1990, para designar as organizações da sociedade civil que atuam na área social, criadas e mantidas com ênfase na participação voluntária e sem fins lucrativos.

Voltolini (2004) também assinala que o terceiro setor, no Brasil, emergiu nos anos 1990, acrescentando que sua aparição mudou o conceito do serviço social, com base em organizações dedicadas à caridade e à filantropia para a ação de organizações sociais, não governamentais, atuantes na prestação de serviços públicos de saúde, educação, cultura, direitos civis, habitação, proteção ao meio ambiente e desenvolvimento pessoal. O autor alerta que tais organizações por terem natureza privada e finalidade pública, não visando lucro, devem sempre ter em mente a dimensão do humano e a dimensão sociocultural, mas sendo administradas de forma eficiente e com ferramentas atuais de gestão.

Segundo Szazi (2006), as transformações socioeconômicas brasileiras, desde os anos 1970, conduziram a uma redistribuição dos papéis dos atores sociais. Progressivamente, a sociedade civil organizada assumiu responsabilidades na proteção e na defesa de seus direitos, antes exclusivas do Estado (primeiro setor), envolvendo a iniciativa privada (segundo setor) – até aquele momento, a iniciativa privada entendia que sua função social era limitada ao pagamento de impostos e à geração de empregos. Nesse contexto, o crescimento do número de organizações da sociedade civil fez surgir um conjunto de agentes privados com fins públicos (terceiro setor) cujos programas visavam atender direitos sociais básicos, combater a exclusão social e, mais recentemente, proteger o patrimônio ambiental brasileiro. Assim, devido ao fortalecimento da sociedade civil organizada, as empresas privadas passaram a incluir em seus objetivos institucionais programas e ações de responsabilidade socioambiental.

Agora que vimos as origens do terceiro setor, passemos a analisar as organizações que nele atuam.

Organizações do terceiro setor

Szazi (2006) afirma que quando se decide pela atuação no terceiro setor é preciso escolher a forma jurídica mais adequada ao patrimônio envolvido, o número de colaboradores e o modelo de gestão. Segundo o autor, é necessário fazer tais escolhas para se ter uma organização que seja institucionalmente estável e longeva.

Conforme Albuquerque (2006), as organizações que representam o terceiro setor têm características comuns, presentes tanto na retórica quanto em programas e projetos de atuação. O autor assinala que tais organizações fazem contraponto às ações do governo e às do mercado, enfatizando os interesses coletivos em detrimento do individual. Além disso, realçam o valor político e econômico das ações voluntárias sem fins lucrativos e enfatizam a complementação entre a ação pública e a privada, produzindo um efeito integrador favorável.

Wolf (1999), citado por Ramal (s.d.), define que as organizações sociais devem ter quatro características básicas:

❏ apresentar uma missão de serviço e interesse público;
❏ organizar-se em um modelo de sem fins lucrativos, definido pela legislação;
❏ estruturar-se em governança que exclua interesse privado ou ganho financeiro individual;
❏ estar isentas de tributos ou tributação e possuir *status* legal que garanta isenções tributárias às pessoas físicas ou jurídicas que fizerem qualquer contribuição financeira à organização.

Oliveira (2004) assinala que, em linhas gerais, é possível distinguir dois tipos básicos de organizações que, atualmente, disseminam o conceito e a prática do empreendedorismo social. Um tipo opera como sustentadora, capacitadora e divulgadora das ações sociais, como é o caso da Fundação Ashoka, no exterior e no Brasil, e da Foud Schwab, na Suíça. Além de recrutarem e manterem por algum tempo o sustento pessoal e técnico do empreendedor social, abrem espaços e ações de disseminação teórica, com livros, artigos, sites, cursos, encontros, rede de contato, entre outros. Atuam, portanto, em um nível estratégico e tático. Um segundo tipo de organização é o que opera na intervenção local, em um nível operacional, executando e aprimorando os conhecimentos técnicos de gestão e inovação no campo social.

Sob o aspecto legal, segundo Ashoka e McKinsey (2001), o Código Civil brasileiro acata, como formas de organizações civis sem fins lucrativos, as fundações públicas ou privadas, as associações, as sociedades civis e as cooperativas. Essas organizações constituídas podem, por sua vez, requerer ao poder público qualificação como de utilidade pública, de assistência social, de filantropia, de interesse público ou social, dependendo da atividade que pretendam exercer. No campo social, são comuns as fundações e as associações cujas atividades envolvem nutrição, saúde, assistência social, habitação, educação e pesquisa, ambientalismo e ecologia, defesa de direitos, atuação política e desenvolvimento, entre outras.

As fundações são entidades de interesse social, criadas a partir de um patrimônio destacado do patrimônio de seus fundadores. Segundo Spalding (2001), uma fundação resulta do patrimônio do instituidor que, juridicamente, fica dedicado a uma finalidade de utilidade pública ou de benefício social estipulada em seu estatuto. O instituidor pode ser tanto o poder público quanto pessoas físicas ou jurídicas privadas. A constituição pode ser realizada por meio da decisão individual ou coletiva, inclusive aceitando a forma testamentária, ou seja, após a morte do instituidor. Os bens imóveis das fundações, como regra, são inalienáveis. Em geral, são constituídas pelo conselho curador, que normatiza a forma de atuação, pelo conselho administrativo ou diretoria, que comanda a execução das atividades, e pelo conselho fiscal, que fiscaliza as contas da fundação. Além desses órgãos internos, as fundações têm o Ministério Público como órgão velador de seu patrimônio e de suas atividades. Essas singularidades as diferenciam substancialmente das associações.

As associações, por sua vez, passam a existir a partir da união de pessoas em busca de uma finalidade não econômica. Elas não gravitam em torno de um patrimônio comum, mas sim de um elemento pessoal baseado nas ideias e nos esforços dos associados. As pessoas se unem para alcançar um objetivo comum, seja ele de cunho social ou simplesmente associativo. Não há, contudo, impedimento legal ao desempenho de atividades econômicas pela associação desde que, ao realizá-la com o intuito de manter ou aumentar seu patrimônio, não propicie lucro aos associados. A constituição de uma associação é significativamente mais simples que a de uma fundação. O processo se formaliza com o registro no Cartório de Registro de Pessoas Jurídicas da ata que aprova o estatuto social e o nome dos dirigentes. Os bens das associações podem ser alienados, de acordo com seus estatutos. A fiscalização de suas atividades e resultados é feita pelos próprios associados.

No Brasil, de maneira geral, as organizações sociais são também conhecidas pela denominação "organização não governamental" (ONG). Porém, leitor, apesar de amplamente utilizado, esse termo não têm definição legal. Tal denominação se refere a uma entidade de natureza privada, sem fins lucrativos que, juridicamente, é uma fundação ou associação. Uma ONG pode, conforme seu interesse, pleitear a obtenção de determinados títulos ou qualificações do poder público, mas sob o aspecto jurídico continuar organizada como fundação ou como associação. Dado que a diferença entre ambas está na exigência de um patrimônio dedicado a uma finalidade pública ou social, pequenas e médias ONGs são, geralmente, constituídas como associações, enquanto grandes ONGs são constituídas por entidades financiadoras. Grandes instituições educacionais e grupos fomentadores de projetos e pesquisas são, em geral, organizados como fundações. Uma ONG ainda pode solicitar a qualificação como organização da sociedade civil de interesse público (Oscip), ao comprovar o cumprimento de requisitos de transparência administrativa. Essa estratégia visa possibilitar e agilizar parcerias com instituições públicas.

Alguns exemplos de ONGs brasileiras, que atuam intensamente em suas áreas, são a Associação de Assistência à Criança Deficiente (AACD), o Instituto Ayrton Senna, o Grupo de Apoio ao Adolescente e à Criança com Câncer (Graacc), a Fundação SOS Mata Atlântica, a Brazil Foundation e a Ashoka.

Armani (2008) afirma que o interesse público pode ser expresso por movimentos sociais, pelas ONGs e organizações da sociedade civil em geral, especialmente quando elas identificam carências, organizam demandas sociais, enfrentam problemas comunitários e monitoram as políticas públicas. Rocha, Dorresteijn e Gontijo (2005) argumentam que o negócio social deve se comprometer com o futuro das gerações, com a preservação dos ecossistemas, com a sustentabilidade planetária e com a alimentação da população. Diante disso, precisa focalizar a realização dos objetivos sociais, ambientais e econômicos das comunidades. É fundamental que seus esforços busquem a promoção da igualdade dos indivíduos, por meio do acesso à informação e ao conhecimento, estimulem a mobilidade social e mantenham a identidade cultural e o desenvolvimento institucional. Nesse contexto, os autores assinalam que o negócio social sustentável precisa criar benefícios sociais, satisfazer as aspirações humanas e suas necessidades básicas, atender às condições ambientais de sustentabilidade, desenvolver mercados que incorporem os valores sociais e, finalmente, ser rentável.

Dadas as responsabilidades e expectativas sobre as organizações sociais, é fundamental compreender o propósito de suas ações e as exigências pessoais e profissionais sobre aqueles que pretendem atuar por meio delas. Assim, na próxima seção, abordamos as características do empreendedorismo e do empreendedor sociais.

Características do empreendedorismo e do empreendedor social

A partir da identificação do terceiro setor como ambiente econômico de oportunidades empresariais, torna-se interessante esclarecer duas questões: (a) o que é empreendedorismo social e (b) quais as características pessoais e profissionais do empreendedor social. É nisso que nos concentramos nesta seção.

Segundo Oliveira (2004), empreendedorismo social é uma forma coletiva e integrada de produzir bens e serviços para a comunidade local, com o objetivo de produzir soluções para os problemas sociais comunitários. Sua medida de desempenho são o impacto e a transformação sociais, avaliados pela capacidade de retirar as pessoas da situação de risco social e promover a inclusão e a emancipação dos indivíduos. Oliveira (2004) faz questão de diferenciar o empreendedorismo social do empreendedorismo privado e da responsabilidade social empresarial. As diferenças entre o empreendedorismo privado, a responsabilidade social e o empreendedorismo social estão expressas no quadro 6.

Quadro 6
CARACTERÍSTICAS DO EMPREENDEDORISMO PRIVADO,
DA RESPONSABILIDADE SOCIAL EMPRESARIAL E DO
EMPREENDEDORISMO SOCIAL

Empreendedorismo privado	Responsabilidade social empresarial	Empreendedorismo social
É individual.	É individual, com possíveis parcerias.	É coletivo e integrado.
Produz bens e serviços para o mercado.	Produz bens e serviços para si e para a comunidade.	Produz bens e serviços para a comunidade local e global.
Tem foco no mercado.	Tem foco no mercado e atende à comunidade conforme sua missão.	Tem foco na busca de soluções para os problemas sociais e necessidades da comunidade.
Sua medida de desempenho é o lucro.	Sua medida de desempenho é o retorno aos envolvidos no processo (*stakeholders*).	Sua medida de desempenho são o impacto e a transformação social.
Visa satisfazer necessidade dos clientes e ampliar as potencialidades do negócio.	Visa agregar valor estratégico ao negócio e atender expectativas do mercado e da percepção da sociedade/consumidores.	Visa resgatar pessoas da situação de risco social e promovê-las, gerando capital social, inclusão e emancipação.

Fonte: Adaptado de Oliveira (2004:13).

Nota-se que, enquanto o empreendedorismo privado tem forte vinculação com o mercado, negócios particulares e objetivos financeiros da empresa, o empreendedorismo social tem interesse em resultados comunitários, por meio da diminuição do risco social, geração de capital social e/ou da inclusão social dos indivíduos.

Oliveira (2004) ressalta que o empreendedor social deve ter conhecimentos, habilidades e competência técnica para desenvolver ações no contexto social. Adicionalmente, ressalta o autor, o empreendedor social deve ter uma postura pessoal que o leve a combater (tecnicamente) a injustiça e a desigualdade social.

Entende-se, assim, que as características inerentes ao empreendedorismo social e ao perfil do empreendedor social deixam claro que, além dos aspectos básicos inerentes a qualquer ambiente econômico, o principal é que haja senso de solidariedade e interesse em atuar em comunidades que representem situações de risco social.

Neste capítulo analisamos um tipo específico de empreendedorismo – o empreendedorismo social –, bem como a figura do empreendedor social. No próximo capítulo, iremos analisar outro tipo específico de empreendedor: o empreendedor serial, ou *developer*.

8
Atuação como desenvolvedor de empreendimentos: o empreendedor serial ou developer

Neste capítulo, o foco será voltado a um tipo particular de empreendedor – aquele que identifica uma oportunidade de negócio, reúne os recursos necessários e cria um novo empreendimento para aproveitar a oportunidade. Então, no momento que achar mais oportuno, o empreendedor vende sua participação no negócio e, com o resultado, parte para a criação de um novo empreendimento.

Nos Estados Unidos, existe um nome para essa categoria de empreendedor: ele é chamado de *developer*. Aqui no Brasil usamos a expressão "empreendedor serial" como correspondente. Neste texto, por ser mais simples, iremos utilizar o termo norte-americano.

O *developer* está envolvido com a estruturação de projetos variados, desde os mais convencionais, como restaurantes ou casas noturnas, até projetos mais complexos, tais como usinas termelétricas, siderúrgicas, companhias de água e esgoto, estradas de ferro, estradas de rodagem, condomínios residenciais e empresariais.

Para Dornelas (2007:12), o empreendedor serial "é aquele apaixonado não apenas pelas empresas que cria, mas principalmente pelo ato de empreender [...] é uma pessoa dinâmica, prefere os desafios e a adrenalina envolvidos na criação de algo novo". É comum estar envolvido em diversos negócios ao mesmo tempo, muitos dos quais acabam fracassando.

O *developer* pode ser:

- uma pessoa física com múltiplas habilidades, conhecimentos e relações; ou
- uma empresa que atua com este objetivo, composta por especialistas nas diversas áreas de conhecimento, necessários para estruturar negócios complexos; ou
- uma unidade de desenvolvimento de novos negócios dentro de uma empresa.

Este tipo de empreendedor tem como missão principal estruturar o empreendimento, atraindo o interesse de todos os participantes, tais como investidores, financiadores, fornecedores, prestadores de serviços, operadores e clientes. Não tem, portanto, necessariamente, que investir, operar ou administrar o negócio resultante de sua atuação. No caso de o *developer* ser uma unidade de desenvolvimento de novos negócios de uma corporação, o investidor, o operador e o administrador podem ser a empresa mãe ou uma nova empresa criada para esse fim. Na próxima seção veremos como ele, efetivamente, atua no processo de estruturação do negócio.

Como o developer ganha dinheiro?

O *developer*, no processo de estruturação do empreendimento, fica com uma parte das ações da empresa que está sendo criada e atrai investidores para comprar a outra parte das ações. A parte que é vendida a investidores costuma ser equivalente ao montante necessário para viabilizar a implantação do empreendimento.

Como seu objetivo final não é permanecer no negócio após sua concretização, ele busca realizar seu lucro vendendo sua participação no empreendimento, no momento que considera mais oportuno e, com o resultado obtido, parte para a estruturação de novos empreendimentos.

O sucesso de um empreendimento está vinculado à clara definição dos critérios para a sua estruturação e operação. O critério principal é a capacidade do *developer* de identificar uma oportunidade que, uma vez convertida em um empreendimento, se transforme em uma empresa técnica e economicamente viável.

Esse novo empreendimento deve ser gerador de resultados superiores aos de outras alternativas de investimento, em base de risco semelhante, de tal modo que este equilíbrio, risco versus retorno, possa ser aceito pelos *stakeholders* a serem envolvidos no projeto.

A geração de resultados superiores depende fundamentalmente da capacidade do empreendedor de superar os seguintes desafios:

❑ identificação de uma oportunidade de negócio e os seus clientes-alvo;
❑ criação de uma clara proposta de valor;
❑ definição do modelo de negócio (*business model design*);
❑ estruturação do empreendimento;
❑ construção do empreendimento;
❑ operação do negócio.

O quadro 7 apresenta um exemplo de atuação como *developer*.

Quadro 7
EXEMPLO DE ATUAÇÃO COMO DEVELOPER

O *developer* pode ser um executivo de uma empresa, que está permanentemente buscando novas oportunidades de negócios. Pode ser um grupo de pessoas ou mesmo uma única pessoa. Para exemplificar, vamos admitir que o nosso *developer* seja um engenheiro civil que decide criar seus próprios empreendimentos imobiliários.

O *developer* identifica alguns terrenos, com boa localização e bom acesso à infraestrutura (água, esgoto, energia, vias de acesso e transporte), ideal para a construção de um pequeno prédio residencial, com quatro apartamentos e duas coberturas. Faz, então, um pré-projeto do prédio, o memorial descritivo e o orçamento da construção. A seguir, faz uma bela apresentação do projeto, com ilustrações do prédio e uma apresentação do empreendimento. Depois disso, sua missão passa a ser conseguir reuniões com os donos dos terrenos identificados e apresentar a eles a oportunidade de trocar seu terreno por uma cobertura no edifício a ser construído.

A proposta de valor que o developer apresenta aos donos dos terrenos é a seguinte: seu terreno está avaliado pelo mercado em 100, um apartamento de cobertura em um prédio como o que quero construir no seu terreno vale 200. Ofereço a oportunidade de, em 30 meses, dobrar o valor do seu patrimônio, entrando com seu terreno no novo empreendimento.

Ao mostrar o projeto para vários donos de terrenos, pelo menos um concorda em trocar o terreno pela cobertura. O passo seguinte é redigir contratos e criar o novo condomínio, do qual o terreno passa a ser parte integrante, e o primeiro condômino, dono de uma das coberturas, é o dono do terreno. A seguir, o *developer* cerca o terreno com tapumes, constrói um estande de vendas onde se lê a placa: "Realize aqui o seu sonho, compre seu apartamento em regime de condomínio". No estande de vendas, instala um corretor de imóveis que passa a oferecer aos interessados a modalidade de pagamento em condomínio na qual, primeiro, são pagas 12 parcelas relativas à cota do terreno e mais parcelas durante a construção. Nestas parcelas estará incluído o valor de 10% relativo à taxa de administração da incorporadora e construtora (que pertence ao nosso *developer*).

As parcelas relativas à cota do terreno, de fato, serão utilizadas para pagar a construção da cobertura que pertencerá ao dono do terreno, que entrou para o condomínio sem custo. Um a um os apartamentos e a cobertura vão sendo vendidos e tem início a construção do empreendimento. No prazo acordado, as unidades são entregues aos seus proprietários e o *developer* passa, então, a desenvolver um novo empreendimento.

O racional do negócio é o seguinte: o *developer* (incorporadora) recebe 10% de todo o valor da obra como remuneração pela estruturação do empreendimento e pela gestão da construção, toda terceirizada. Investe muito pouco e fica com os 10% de todo o valor investido no empreendimento. Ele pode ter não apenas um condomínio sendo incorporado, mas uma carteira com vários negócios acontecendo ao mesmo tempo, cada um deles em uma fase diferente de desenvolvimento, por exemplo, um condomínio sendo entregue aos proprietários, outro em fase de acabamento, outro na terceira laje, outro na fundação e outros dois sendo lançados. O *developer* utiliza o ganho em um empreendimento para alavancar outros.

Agora que as atividades do *developer* ficaram mais claras com o exemplo acima, passemos a examinar seu perfil.

O perfil do developer

O *developer* utiliza seu conhecimento e experiência para identificar oportunidades de negócios. O sucesso na identificação de uma oportunidade de negócio tem início na visão da oportunidade. A visão, nesse caso, é a percepção da necessidade ou do desejo não atendido.

O conhecimento do *developer* deve ser então utilizado de maneira a integrar as informações sobre o mercado, o setor, o negócio e as pessoas, que possam estar envolvidos direta ou indiretamente com a exploração comercial da oportunidade.

Conforme aponta Dornelas (2007), este tipo de empreendedor tem uma grande habilidade em estruturar equipes, motivar o time, buscar recursos para o início do negócio e colocar a empresa em funcionamento. Como todo empreendedor, reúne características de sua personalidade que o diferenciam por ter determinação, iniciativa, autonomia, autoconfiança, otimismo, necessidade de realização, perseverança, tenacidade (capacidade de absorver imprevistos e superá-los), resiliência (capacidade de adequar suas ideias a novas circunstâncias, sem perder o foco), criatividade, know-how necessário para a viabilização de todas as fases de implantação e início do negócio. É também dotado de capacidade de convencimento para atrair os recursos humanos e financeiros necessários para a viabilização do empreendimento, experiências relevantes e credibilidade, habilidade de negociação, principalmente na arbitragem de interesses e na distribuição de riscos, capacidade de estabelecer parcerias e alianças no longo prazo, atitude de liderança formal ou informal, capacidade de trabalhar em equipe, entre outras.

Para isso, as ações do *developer* têm início na identificação de uma oportunidade de negócio e no desenvolvimento de uma visão sistêmica de sua estruturação. Esta visão deve estar diretamente relacionada à situação e ao ambiente em que a oportunidade está inserida. No exemplo do *developer* incorporador de edifícios residenciais, a oportunidade identificada foi a carência de moradias e a possibilidade de construir prédios naquela determinada região.

Uma característica que não pode ficar de fora ao analisarmos o perfil do *developer* é sua habilidade em identificar os diferentes tipos de risco inerentes ao negócio, conforme será discutido na próxima seção.

Perfil do risco

O *developer* tem, entre suas principais habilidades e fruto de sua experiência, a capacidade de identificar os diversos riscos pelos quais a estruturação do empreendimento passa, em cada uma de suas fases, à medida que o projeto vai se concretizando. O perfil desses riscos difere em sua natureza e grau em cada uma das fases, que podem ser categorizadas como:

- riscos de pré-desenvolvimento;
- riscos de desenvolvimento;
- entendimentos/negociações;
- fechamento dos acordos;
- riscos de construção;
- riscos de operação.

O *developer* identifica, *a priori*, os riscos e utiliza sua experiência para minimizá-los, compartilhando-os com outros participantes do empreendimento. Ele faz isso buscando mitigar os riscos por meio de garantias ou transferindo parte deles para terceiros, conferindo assim credibilidade ao empreendimento. Ou seja, esse empreendedor deve ter uma visão sistêmica do negócio e buscar os melhores sócios, parceiros estratégicos e fornecedores, que estejam capacitados para conduzir partes do projeto com suas especialidades.

Um exemplo: buscar um parceiro que detenha a tecnologia essencial ou a melhor empresa para fazer o projeto da construção ou a melhor *trading* para cuidar das importações dos componentes. Estes parceiros, dadas as suas especialidades, conhecem os riscos da atividade por serem profissionais em seus ramos e, por isso, trazem credibilidade ao empreendimento como um todo.

Na sua atuação no desenvolvimento do empreendimento, o *developer* terá como missão minimizar os riscos em cada uma das fases do negócio, transferindo-os para os *stakeholders* que possam suportá-los de maneira mais econômica para o projeto. O quadro 8 relaciona os principais riscos de empreendimento e o modo como o *developer* os minimiza.

Quadro 8
OS PRINCIPAIS RISCOS E COMO O DEVELOPER OS MITIGA

Riscos	Atenuantes (exemplos)
Riscos políticos e regulamentares	Atrair a participação de patrocinador que tenha os acessos aos órgãos políticos e regulamentares
Riscos de mercado/receita	Contratos de venda de longo prazo *Hedging* financeiro
Riscos da construção	Contratar a construção em regime "chave na mão" (*turn-key*), com preço fixo. Neste caso, a empresa contratada se compromete a entregar a obra em plenas condições de funcionamento. Contratação de seguro
Riscos operacionais	Obter garantias de longo prazo dos fornecedores Provisões de bônus/penalidades para o cumprimento dos prazos e da performance
Riscos de fornecimento	Contratos de fornecimento de longo prazo Correlação entre custos e receitas
Riscos de força maior	Seguros contra danos materiais e pessoais Seguros contra lucros cessantes

No entanto, o *developer* não vai estar envolvido no empreendimento por um período muito longo. Tão logo ele identifique o momento adequado, encerrará sua participação e sairá em busca de novas oportunidades, como detalhado na próxima seção.

Venda da participação do developer no empreendimento para realização de lucro

O *developer*, no momento que considera mais adequado, vende suas ações no empreendimento, realizando o lucro pelo seu esforço no desenvolvimento do negócio. A definição do momento certo para vender sua participação pode variar de um empreendimento para outro, porém, de um modo geral, este momento pode ser entre um pouco antes ou um pouco depois da entrada em operação do empreendimento.

Em negócios nos quais o retorno é mais longo, como é o caso de grandes indústrias, estações de tratamento de água ou termelétricas, o *developer* pode ficar mais tempo como sócio, porém este tempo dificilmente ultrapassa três anos de operação.

O aspecto que norteia a decisão de venda é a relação risco versus retorno. Se o negócio foi bem-estruturado, as vendas estão asseguradas, a operação está aos cuidados de quem tem a expertise necessária, a ideia é vender logo, pois o empreendimento atingiu uma fase de máximo valor e, por tudo isso, o risco atingiu um nível baixo e a possibilidade de o retorno sobre o investimento acontecer como previsto é muito grande.

A figura 1 espelha um exemplo do momento certo de venda da participação pelo *developer*.

Figura 1
O MOMENTO IDEAL PARA O DEVELOPER VENDER SUAS AÇÕES NO EMPREENDIMENTO

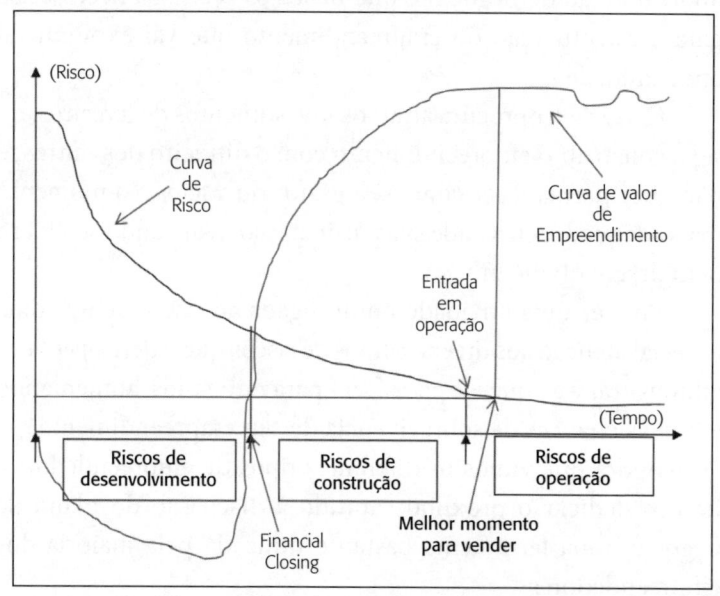

(Risco)

Curva de Risco

Curva de valor de Empreendimento

Entrada em operação

(Tempo)

Riscos de desenvolvimento | Riscos de construção | Riscos de operação

Financial Closing

Melhor momento para vender

Ao analisarmos a figura 1, identificamos os seguintes aspectos:

- o risco de o empreendimento não acontecer é maior no início do desenvolvimento, pois muita coisa pode dar errado;
- o risco máximo de o empreendimento não acontecer ocorre se o empreendedor não enxergar a oportunidade – este momento é logo no início do projeto;
- o empreendimento tem uma grande alavancagem de valor, no *financial closing*, quando os recursos financeiros, tanto dos investidores quanto dos financiadores, começam em entrar no caixa do empreendimento;
- o melhor momento para vender é quando o risco do empreendimento não dar certo for levado ao seu valor mínimo – este momento costuma a ser logo após a entrada em operação.

Neste capítulo examinamos um tipo especial de empreendedor, o *developer*. É um empreendedor que identifica uma oportunidade de negócio e que busca os recursos necessários para a estruturação do empreendimento que vai explorar tal oportunidade.

O *developer* procura atrair os investimentos de terceiros, ou seja, construir o empreendimento com o dinheiro dos outros, e não quer permanecer como seu gestor ou sócio. No momento mais adequado, ele vende sua participação, realizando seu lucro pelo desenvolvimento.

Por ser uma atividade muito ligada ao risco, demos uma especial atenção aos diversos tipos de riscos que o *developer* deve administrar e ao que ele pode fazer para mitigá-los, aumentando assim as chances de sobrevivência de seu empreendimento.

Agora que vimos os diferentes tipos de empreendedores, iremos dedicar o próximo capítulo à discussão do plano de negócio, uma ferramenta bastante utilizada pela maioria dos empreendedores.

9

O plano de negócio

Neste capítulo, vamos descrever uma ferramenta bastante utilizada no dia a dia do empreendedor – o plano de negócio. A seguir, apresentaremos a estrutura básica que um plano deve conter. O item seguinte descreve um exemplo do sumário executivo de um plano de negócio, para que o leitor tome conhecimento dos principais atributos do empreendimento que se deseja implementar. Por fim, dedica-se um tópico à questão do plano de negócio social.

Afinal, o que é um plano de negócio?

Conforme apontam Hisrich, Peter e Shepherd (2009:219), "um plano de negócio é um documento preparado pelo empreendedor em que são descritos todos os elementos externos e internos relevantes para o início do empreendimento". Ao construir um plano de negócio, o empreendedor tem a oportunidade de escrever, de forma concatenada, as informações que ele próprio e que todos os demais possíveis envolvidos com o futuro negócio gostariam de conhecer antes de se aventurar nesse novo empreendimento. De uma forma bem direta, o plano de negócio conta uma história, a história do empreendimento (Zacharakis, 2004).

Assim, o plano de negócio pode ser criado para atingir objetivos diferentes. Entre eles podemos citar: criar uma nova empresa, buscar investidores, abrir o capital da empresa, criar uma nova divisão, estabelecer ações para fazer a empresa crescer, vender a empresa, comprar uma empresa, lançar um novo produto, privatizar a empresa, internacionalizar a empresa, ou realizar uma cisão (transformar uma unidade de negócio em uma nova empresa).

O ponto de partida para escrever um plano de negócio é procurar entender melhor o contexto geográfico, social, econômico e mercadológico dentro do setor no qual se pretende atuar. Para isso, o empreendedor deve levar em consideração as ações comerciais no segmento, analisando os possíveis clientes, as empresas concorrentes, os potenciais fornecedores, a disponibilidade de profissionais especializados e o acesso à infraestrutura, além da sua capacidade de obter os recursos necessários para a concretização do empreendimento. Esta pesquisa deve ser feita considerando tanto os fatos passados quanto os atuais, e também buscar prever as tendências do mercado.

Ao elaborar o plano, o empreendedor deve analisar a oportunidade, contemplando todos os seus aspectos, tanto os positivos quanto os negativos. Isto porque o lucro sempre está associado ao risco do negócio. Por isso, é preciso ter conhecimento antecipado dos possíveis riscos e dificuldades e prever como mitigá-los ou superá-los.

Como cada plano de negócio é único, pois trata do estudo da exploração de uma oportunidade comercial em particular, listamos alguns aspectos relevantes que fazem parte da reflexão inicial sobre a oportunidade de negócio que se quer explorar:

- Quais necessidades ou desejos serão atendidos pelo negócio?
- Qual é o número de potenciais compradores/clientes?
- Quais os recursos e necessários?
- Onde obter estes recursos?
- Qual a rentabilidade esperada para o negócio?
- Quais as tecnologias necessárias?
- Quais as habilidades especiais necessárias?
- O que será necessário fazer para conquistar a confiança nos produtos/serviços da empresa?
- Qual a disponibilidade de produtos e serviços complementares (assistência técnica, por exemplo)?
- Qual o fluxo de importação/exportação dos produtos com os quais estaremos envolvidos?
- Quais as barreiras institucionais e legais?
- Quais as barreiras de entrada para novos concorrentes?

Para se elaborar um plano de negócio é necessário recorrer a fontes de informação para pesquisa. Algumas dessas fontes são a internet, empresas especializadas em informações setoriais, associações comerciais, associações classistas, câmaras de comércio, *trading companies*, Sebrae, embaixadas, sites de empresas concorrentes, ex-funcionários de concorrentes etc.

Como o plano tem, na maioria das vezes, que ser "vendido" a investidores, parceiros comerciais, órgãos de governo e clientes, é necessário que o empreendedor traga credibilidade para o documento, descrevendo, com a devida atenção, todas as premissas que deverão assegurar o sucesso do novo empreendimento. Para isso, o plano deve conter os mais importantes aspectos da empreitada.

De um modo geral, o plano de negócio pode ser estruturado com base nos itens que veremos na próxima seção.

A estrutura de um plano de negócio

Embora a estrutura de um plano de negócio varie de autor para autor, eles acabam contemplando praticamente os mesmos tópicos, apenas em ordem ou formato diferente. De um modo geral, a estrutura que compõe tal plano é a seguinte:

1. sumário executivo;
2. a empresa;
3. o mercado;
4. as operações;
5. a organização;
6. potenciais riscos;
7. informes financeiros;
8. cronograma.

Tais itens encontram-se descritos a seguir.

1. O sumário executivo

O sumário executivo resume os atributos importantes do empreendimento. Este capítulo inicial tem o objetivo de atrair os leitores-alvo, normalmente investidores, ou a direção da empresa, fazendo com que eles se interessem pela oportunidade que os empreendedores querem apresentar. É recomendável limitar o sumário executivo a umas poucas páginas, no máximo quatro ou cinco, compreendendo quatro elementos-chave – o empreendimento, o mercado, os recursos necessários e seus usos, os demonstrativos financeiros –, como se segue:

❑ *o empreendimento* – o empreendimento de um plano de negócio é a descrição dos produtos ou serviços de uma empresa e seus atributos-chave. Deve-se descrever, de forma sucinta, como o novo empreendimento obterá uma posição vantajosa

no mercado. Se o plano de negócio for sobre uma nova atividade de uma empresa que já existe, pode ser útil descrever o histórico da companhia, mostrando qual é a visão dos empreendedores quanto ao posicionamento da companhia nos próximos cinco anos ou mais;
- *o mercado* – a descrição sobre a oportunidade de mercado identificada pode ser feita na forma de um plano de marketing resumido, mostrando em que se apoiam a habilidade e a disposição da empresa em fazer com que clientes paguem pelo seu produto ou serviço. Este espaço deve ser utilizado para descrever como o novo empreendimento fará com que os clientes-alvo fiquem conscientes e interessados no produto ou serviço e como esse interesse será convertido na ação de compra;
- *o uso dos recursos* – nesta seção, descreve-se o montante dos recursos necessários e onde eles serão utilizados;
- *os demonstrativos financeiros* – nesta seção são apresentadas, de uma forma sintética, as alocações dos recursos ao longo do tempo e o fluxo de caixa previsto para o empreendimento.

Uma vez apresentado o sumário executivo, o próximo passo é descrever, agora com mais detalhes, todos os aspectos do empreendimento, dando ao leitor a oportunidade de conhecer melhor o que foi resumido na parte inicial.

2. A empresa

Este item descreve a necessidade que os produtos ou serviços da companhia satisfazem e como a empresa se encontra especialmente adequada para entregar suas ofertas. Nele devem estar descritos os seguintes tópicos:

- missão, visão e valores da empresa;

- proposta de valor (que benefício ela vai entregar a seus clientes, de modo que eles se sintam dispostos a pagar por ele);
- por que ela quer se lançar em um novo empreendimento;
- barreiras de entrada que a empresa deve enfrentar nas suas ações de conquista de clientes e como irá utilizar seus recursos para superá-las;
- o produto ou serviço: descreve-se, com toda clareza, o que vem a ser seu produto ou seu serviço, especialmente no caso de serviços, que, muitas vezes, podem exigir um esforço adicional;
- vantagem competitiva: até que um produto, ou especialmente um novo serviço, seja apresentado no contexto de um mercado, pode ser difícil, para terceiros, compreender suas vantagens. Uma forma de comunicar esta informação pode ser, por exemplo, uma tabela que compare o desempenho, custo ou outras características com alternativas líderes ou substitutas que já estejam disponíveis.

3. O mercado

Neste item, é importante detalhar:

- quem são, quantos são e que hábitos têm atualmente os potenciais clientes do novo empreendimento;
- de quem compram atualmente os produtos e serviços que o novo empreendimento se propõe a oferecer, especificando quem são os concorrentes, seus pontos fortes e fracos;
- as ações de marketing, que devem responder a cinco questões básicas:
    (a) O que será feito para que potenciais clientes fiquem sabendo da existência do novo produto/serviço?
    (b) O que será feito para que potenciais clientes se interessem pelo produto/serviço?

(c) O que fazer para que potenciais clientes possam pagar pelo produto/serviço?

(d) O que fazer para que potenciais clientes efetivamente comprem os produtos/serviços?

(e) O que fazer para que os clientes voltem a comprar?

4. As operações

Neste item devem ser descritas as seguintes atividades: onde serão estabelecidas as instalações do novo empreendimento; as características destas instalações; os diferenciais técnicos que as instalações terão; os benefícios que estas operações oferecerão aos clientes do empreendimento.

5. A organização

Todo plano deve incluir um item dedicado a contar aos leitores sobre a estrutura da equipe que o novo empreendimento terá e como esses profissionais se encontrarão preparados para conseguir alcançar seus objetivos de negócios. Para tanto, deve-se criar um organograma e descrever quais serão os profissionais-chave do empreendimento. Se for o caso, fazer um currículo resumido de cada um dos mais importantes.

6. Potenciais riscos

Muitos empreendedores sentem-se desconfortáveis em mencionar os riscos do empreendimento quando elaboram um plano de negócio. Porém, ao descrever os riscos e explicitar como o empreendedor está preparado para fazer frente a eles, ganha-se credibilidade para o plano. Exemplos de riscos a serem considerados: logísticos, de engenharia e construção, financeiros, operacionais, comerciais, políticos, relativos a forças da natureza.

7. Informe financeiro

Todo plano precisa explicitar, com a maior riqueza de detalhes possível, a origem e o destino dos recursos, assim como os resultados esperados. As informações financeiras podem ser apresentadas da seguinte maneira: demonstrativos de origem e uso dos recursos, detalhamento de despesas pré-operacionais e fluxo de caixa previsto para os próximos cinco ou 10 anos.

8. Cronograma

Um cronograma que sumarize os principais eventos e sua importância para a condução do empreendimento é fundamental para a perfeita compreensão e avaliação do plano. Deve incluir um cronograma físico e financeiro, bem como cronograma de gráficos de barra.

Vale ressaltar, conforme aponta Nakagawa (2011), que o plano de negócio não pode ser encarado como um documento que, uma vez finalizado, está pronto. Ele é uma ferramenta que passa por constante atualização toda vez que o empreendedor dispõe de uma informação importante que pode mudar o rumo do negócio. A seguir, apresentamos um exemplo do sumário executivo do plano de negócio para implantação de uma rede de hamburguerias, adaptado de Trevisan e Marschner (2010).

Exemplo de um sumário executivo: hamburgueria

A execução deste plano de negócio tem como objetivo viabilizar a abertura de um negócio próprio. O projeto inicial é abrir a primeira loja de hambúrgueres especiais e, com a experiência adquirida, abrir outras duas em regiões próximas, formando, assim, uma pequena rede que proporcione economia de escala e, com isso, se possa ter maior controle sobre as operações. Uma vez que a primeira rede de três lojas esteja funcionando de forma eficiente, ampliar o empreendimento por meio da criação de novas lojas franqueadas.

A oportunidade

A cidade de São Paulo testemunha, nesta década, um boom de hamburguerias de sucesso, nicho antes ocupado por poucas e tradicionais lanchonetes. Agora possui redes que se posicionaram na faixa premium e que podem ser classificadas como *casual dinner*. Entre as grandes hamburguerias especializadas neste nicho, destacam-se: The Fifties, Lanchonete da Cidade, Burdog, Joakins, New Dog, General Prime Burguer, Hamburgueria Nacional, Chico Hamburguer. Estas redes, pelo seu posicionamento como opção gastronômica, não são competidoras diretas com os famosos fast-foods McDonald's e Bob's.

Hoje, os paulistanos apreciadores de hambúrguer premium fazem suas escolhas com base no ponto da carne de determinado estabelecimento, comparam o pão do sanduíche e discutem qual é a melhor maionese da cidade. O cliente se tonou mais exigente por qualidade e sabor em um ambiente sofisticado, com grife e associação a um nome gourmet, valorizando, com isso, o preço dos produtos vendidos. Portanto, a justificativa para o novo empreendimento é a grande demanda por hambúrgueres, o crescimento do mercado de refeições fora do lar e o aumento do poder aquisitivo em geral, que leva os clientes a buscarem algo que lhes dê prazer, ainda que tenham que pagar um prêmio por isto.

Diante deste contexto, é preciso analisar as oportunidades de diferenciação, tais como: receitas criativas (lanches exclusivos), decoração de vanguarda ou temática, localização conveniente, estacionamento e atendimento personalizado.

Além disso, a grande oportunidade está em sintonia com a tendência mundial de qualidade de vida e origem dos alimentos e, com isso, a crescente demanda por alimentos orgânicos e conceitos de responsabilidade socioambiental. Esta tendência é ainda mais acentuada nos grandes centros, onde um público carente de contato mais próximo com a natureza tem procurado amenizar este sentimento por meio do consumo de alimentos orgânicos. A carne orgânica procede de um animal que é alimentado em pastos adubados organicamente e criado com cuidados especiais. Esses animais, quando necessário, são tratados com homeopatia por veterinários especialistas. Assim, a segunda justificativa para o empreendimento é a oportunidade de lançar a primeira hamburgueria orgânica do país, uma importante diferenciação, que condiciona o negócio a produtos premium.

Entre as propostas de qualidade e inovação do mercado, observamos que, em geral, a maior parte dos *players* ocupa o mesmo espaço, disputando o mesmo cliente. A maior concentração das principais hamburguerias em São Paulo está na Zona Sul, nos bairros Itaim, Vila Olímpia, Jardins e Moema. Apesar da grande demanda, esta saturação de hamburguerias ocorre em meio a outra concentração: a dos restaurantes e bares da moda. Por outro lado, importantes regiões de São Paulo carecem de estabelecimentos de alto nível. Desta forma, a terceira justificativa é a oportunidade de levar uma nova opção a um mercado com grande potencial, que são os bairros que tiveram um enorme crescimento, em função do deslocamento de bairros de classe média alta para além das regiões já exploradas. Estes bairros são Vila Leopoldina, Mooca e Tatuapé.

As três justificativas para o negócio escolhido conduzem a uma estratégia de posicionamento de produtos premium e diferenciados, o que garante um maior valor agregado para os produtos e serviços a serem oferecidos.

Os investimentos necessários e sua utilização

O investimento total foi definido em R$ 1,2 milhão para a primeira loja e R$ 1,1 milhão para cada uma das demais. A origem deste capital será prioritariamente investimento dos sócios proponentes do negócio (50%). Os outros 50% serão aportados por sócios capitalistas que tenham interesse no setor. A utilização dos recursos será realizada de acordo com o demonstrativo abaixo.

Retorno esperado do investimento

As tabelas 1 e 2 mostram, respectivamente, os investimentos necessários e seus usos, bem como o fluxo de caixa do empreendimento. O faturamento foi calculado tendo como base uma previsão de vendas compatível com outras hamburguerias atuantes no setor.

Tabela 1
INVESTIMENTOS NECESSÁRIOS E SEUS USOS

Investimentos necessários e seus usos	
Despesas pré-operacionais	Unidade 1
Constituição da empresa	10.000
Aluguel – seis meses	90.000
Energia, telefone, água	40.000
Adequação do imóvel	300.000
Móveis e utensílios	250.000
Contratação e trein. da mão de obra	60.000
Marketing	50.000
Capital de giro	**400.000**
Investimento pré-operacional	1.200.000

Tabela 2
FLUXO DE CAIXA PREVISTO

Ano	Fluxo de caixa previsto					
	Pré-operacional	1 (seis meses)	2	3	4	5
Caixa	−1.200.000	400.000	405.000	925.000	1.609.000	2.437.000
Faturamento		900.000	2.400.000	2.640.000	2.880.000	3.000.000
Custos dos produtos vendidos		−400.000	−800.000	−840,00	−900.000	−900.000
Aluguéis		−90.000	−180.000	−180.000	−180.000	−180.000
Mão de obra		−180.000	−360.000	−360.000	−360.000	−360.000
Despesas fixas		−90.000	−180.000	−180.000	−180.000	−180.000
Impostos		−135.000	−360.000	−360.000	−432.000	−450.000
Resultado líquido	−1.200.000	5.000	520.000	684.000	828.000	930.000
Resultado acumulado		405.000	925.000	1.609.000	2.437.000	3.367.000
Taxa interna de retorno (TIR)	29%					
Valor presente líquido (TMA 12% a.a.)	678.374					

Conclusão

Diante das oportunidades percebidas e dos valores esperados como retorno dos investimentos, temos confiança em estar apresentando um projeto viável, com riscos médios e com uma expectativa de retorno acima das apresentadas por projetos semelhantes.

***

Agora que analisamos algumas variáveis relativas a um plano de negócio com o foco em mercado, passemos a examinar o caso de um plano de negócio social.

Plano de negócio social

Diante do contexto especial dos empreendimentos sociais, o plano de negócio deve ser adaptado para considerar os aspectos sociais e revelar sua influência no desempenho e no resultado dos empreendimentos. Assim, deve incluir expectativas sociais e incorporar variáveis e restrições pertinentes aos ambientes comunitários.

Segundo Ashoka e McKinsey (2001), o plano de negócio para organizações do terceiro setor pode ter como finalidade a captação de recursos, a estruturação de uma nova linha de atuação, o planejamento de atividades geradoras de recursos e a autoanálise da organização para uma orientação estratégica futura. No caso da captação de recursos, ele deve fornecer subsídios para os investidores potenciais analisarem o retorno de uma ação social da instituição. Em se tratando de nova linha de atuação, deve permitir a avaliação dos impactos sobre a atividade da organização como um todo. Quando usado para planejamento, o plano de negócio deve relacionar os esforços e os resultados operacionais e financeiros que permitam sustentar as atividades da organização. Finalmente, como ferramenta de autoanálise, o plano deve possibilitar a melhoria na operação e facilitar a tomada de decisão institucional.

Sobre a oportunidade de atração de parceiros, Armani (2008) assinala que o plano de negócio social deve ser capaz de reunir parceiros estratégicos dispostos a investir na organização e nas ações sociais. Nesse contexto, é importante que o fluxo de apoio obtido seja regular, de modo a possibilitar a estruturação interna, a experimentação e a consolidação das estratégias operacionais.

De modo geral, o plano de negócio de uma organização do terceiro setor deve refletir principalmente o retorno social, além do financeiro, por meio da seguinte estrutura:

1. sumário executivo;
2. estrutura da organização;
3. definição do produto ou serviço;
4. análise do ambiente de mercado;
5. definição de estratégias de trabalho;
6. plano de marketing;
7. organização da equipe e da gerência da organização;
8. planejamento financeiro;
9. riscos e oportunidades;
10. plano de implementação.

Nota-se que em termos estruturais não há diferença significativa entre o plano de negócio de interesse privado e o de interesse social. Contudo, na elaboração do plano de negócio social, o empreendedor precisa ser capaz de incluir informações qualitativas e quantitativas das comunidades envolvidas e beneficiárias.

Ashoka e McKinsey (2006) assinalam que é fundamental que as organizações sociais reflitam sobre a pertinência e as implicações dos processos que serão desencadeados com sua implantação. Negócios sociais exigem significativos investimentos humanos, físicos e financeiros, cujo retorno ocorre no longo prazo.

Aspecto fundamental a ser destacado e observado no plano de negócio social é a missão organizacional. Nesse aspecto, pelo fato de a missão definir a contribuição nobre da instituição para a sociedade, torna-se a própria razão de ser da entidade e orienta suas diretrizes. Diante disso, reflete os valores e prioridades da organização, adequados ao contexto dos beneficiários.

Como exemplo de missão, transcrevemos a do Instituto Ayrton Senna (http://senna.globo.com/institutoayrtonsenna/quem_somos/missao.asp):

> Produção e aplicação em escala de conhecimento e inovação em educação integral de crianças e jovens.

Apoiada na missão, a visão institucional também é de suma importância na elaboração do plano de negócio, especialmente por mostrar os interesses pragmáticos da instituição e facilitar a atração de voluntários e financiadores.

Para ilustrar, destaca-se a visão da AACD (http://www.aacd.org.br/conheca-a-aacd.aspx), a seguir:

> Ser a opção preferencial em reabilitação e ortopedia para pacientes, médicos, profissionais da área, convênios e apoiadores, e ser reconhecida pelo seu elevado padrão de qualidade e eficácia, com transparência, responsabilidade social e sustentabilidade.

Segundo Ashoka e McKinsey (2001), a correlação entre missão e visão abre espaço para a declaração do perfil de atuação da organização e exige a definição dos indicadores qualitativos e quantitativos de impacto social. Esses indicadores são fundamentais para a avaliação do retorno social das atividades. Nos qualitativos, é comum utilizar a mudança da qualidade de vida dos assistidos pelo projeto, seja pelo aumento da performance nas atividades ou pela redução dos impactos ou eventos negativos a que estejam submetidos. Nos quantitativos, utiliza-se comumente o número de resultados alcançados, tais como os atendimentos diretos e indiretos prestados pela organização.

Aspecto-chave na elaboração do plano de negócio social é a definição do público-alvo que, geralmente, apresenta-se em situação de risco social e/ou ambiental. Isso requer a especificação do grupo de interesse, para melhor definição da capacidade e das estratégias de atendimento. Diante disso, deve-se realizar a definição do público-alvo considerando sua distribuição por segmento, representatividade, organização, argumentos e padrões decisórios de adesão aos projetos da organização. Outro aspecto relevante para a organização do terceiro setor diz respeito à relação entre sua missão e o produto ou serviço que oferece. Se ambos não estiverem vinculados à organização, esta não se sustenta, perdendo seu sentido de existência. Vale ressaltar que o produto ou serviço reflete a própria atuação social da organização.

Uma contribuição importante do plano de negócio social é a definição do preço do produto ou do serviço oferecido. Armani (2008) observa que custos com pesquisa, contratação de assessorias especializadas, intercâmbios e processos organizacionais, em geral, não são considerados na formação do preço dos produtos ou serviços. Isso pode indicar que tais aspectos estão sendo subsidiados por outras fontes de recursos ou, então, que os indicadores de viabilidade não expressam os resultados reais da operação. O autor alerta que os negócios sociais também devem gerar superávits para as organizações que os promovem, ainda que isso não seja uma conquista imediata.

Percebe-se, então, que a elaboração e observação do plano de negócio é fundamental para organizar a operação institucional, alcançar os resultados esperados e minimizar as dificuldades operacionais, evitando a quebra das expectativas do empreendedor, dos apoiadores e, principalmente, dos beneficiários.

Conclusão

A atividade empreendedora é geradora de riqueza na forma de empregos, lucros e impostos, que acabam revertendo para a sociedade e contribuindo para o crescimento e fortalecimento econômico de um país. Espera-se que este livro tenha contribuído para você, leitor, ampliar sua visão sobre o empreendedorismo, compreendendo algumas questões-chave a ele pertinentes.

Nesse sentido, o livro foi organizado em nove capítulos. O primeiro deles abordou vários aspectos relacionados à figura do empreendedor, com o objetivo de que o leitor entendesse principalmente as motivações que levam uma pessoa a escolher a carreira empreendedora. O segundo, o terceiro, o quarto e o quinto capítulos centraram-se no empreendimento, discutindo, respectivamente, as diversas fases que compõem um empreendimento, os recursos necessários para estruturar um novo empreendimento, as fontes desses recursos e as estratégias para identificar e mitigar os riscos inerentes aos negócios.

Os três capítulos seguintes focalizaram tipos específicos de empreendedores – o empreendedor corporativo, o empreendedor social e o empreendedor serial, também conhecido como *developer*. Assim, depreende-se que o empreendedorismo pode estar presente em diversos segmentos do escopo empresarial – pequenas empresas, grandes organizações, organizações não governamentais, governo etc.

Finalizamos com um capítulo destinado ao plano de negócio, uma ferramenta importante que pode auxiliar o empreendedor na gestão de sua empresa ou entidade social.

Empreender é ter a capacidade de juntar recursos para criar o novo. É ter a fé de que sua visão levará todos a um futuro melhor. Empreendedores são pessoas dispostas a correr riscos e que dedicam seus esforços para minimizá-los, aumentando a probabilidade de o negócio dar certo.

Empreendedores são pessoas que sabem, às vezes por instinto, que a construção de negócios depende fundamentalmente da capacidade de criar relações com todos os públicos: clientes, fornecedores, empregados, concorrentes, governo; com a comunidade, com seus pares dentro das organizações, seus chefes e mesmo com seus familiares. Como o empreendedor acaba dedicando grande esforço na constituição de novos empreendimentos, seu tempo para a família pode ser prejudicado e mesmo sua saúde pode ser colocada em risco.

A atividade empreendedora é o motor do progresso da humanidade. É a motivação de pessoas com visão, determinação e arrojo que rompem as barreiras do conhecido. São pessoas que promovem as mudanças e que desafiam o estado atual das coisas. Nosso país vive um momento que há muitos anos não se via. Estamos na hora certa de empreender. Ao leitor que nos acompanhou na leitura deste texto, queremos inspirar você a se tornar um empreendedor no futuro, gerando novos negócios, criando muitos empregos e, acima de tudo, contribuindo para a construção de uma sociedade mais equilibrada, mais justa e responsável.

Referências

AIDAR, M. M. *Empreededorismo*. São Paulo: Thomson, 2007.

ALBUQUERQUE, A. C. C. *Terceiro setor*: história e gestão das organizações. São Paulo: Summus, 2006.

ANDREASSI, T. Empreendedorismo corporativo. *GV Executivo*, Vol. 4 (3), Ago./Out. 2005.

ARMANI, D. *Mobilizar para transformar*: a mobilização de recursos nas organizações da sociedade civil. São Paulo: Peirópolis, 2008.

ASHOKA, E. S.; McKINSEY, C. *Empreendimentos Sociais Sustentáveis*: como elaborar planos de negócio para organizações sociais. São Paulo: Peirópolis, 2001.

_____; _____. *Negócios sociais sustentáveis*: estratégias inovadoras para o desenvolvimento social. São Paulo: Peirópolis, 2006.

BARROS, B. T. *Fusões, aquisições e parcerias*. São Paulo: Atlas, 2001.

BM&FBOVESPA. *Plano Diretor 2008*. São Paulo, dez. 2008. Disponível em: <www.bmfbovespa.com.br/pt-br/a-bmfbovespa/plano-diretor/plano-diretor.aspx?idioma=pt-br>. Acesso em: 15 set. 2010.

BNDES. *Cartão BNDES*: 10 anos ao lado das micro, pequenas e médias empresas. [s.l.]:[s.d]. Disponível em: <www.cartaobndes.gov.br>. Acesso em: 23 nov. 2012.

BOSMA, Niels; LEVIE, Jonathan. *Global Entrepreneurship Monitor 2009 Executive Report*. Londres: Global Entrepreneurship Research Association, 2010. Disponível em: <www.gemconsortium.org/docs/download/265>. Acesso em: 13 nov. 2012.

CAVALCANTI, M. *Gestão estratégica de negócios*: evolução, cenários, diagnóstico e ação. São Paulo: Pioneira/Thomson Learning, 2001.

CHER, Rogério. *Empreendedorismo na veia*. São Paulo: Campus, 2008.

DEGEN, Ronald J. *O empreendedor*: empreender como opção de carreira. São Paulo: Pearson Prentice Hall, 2009.

DIXIT, Avinash K.; PINDYCK, Robert S. *Invesment under uncertainty*. Princeton: Princeton University Press, 1994.

DOLABELA, F. *Oficina de empreendedorismo*. São Paulo: Cultura, 1999.

DORNELAS, J. C. A. *Empreendedorismo*: transformando ideias em negócios. Rio de Janeiro: Campus, 2001.

_____. *Empreendedorismo na prática*. São Paulo: Campus, 2007.

_____. et al. *Planos de negócios que dão certo*. Rio de Janeiro: Elsevier, 2008.

_____; TIMMONS, J. A.; SPINELLI, S. *Criação de novos negócios*. São Paulo: Elsevier, 2010.

GHEMAWAT, P. *A estratégia e o cenário dos negócios*. Porto Alegre: Bookman, 2000.

GITMAN, L. *Princípios da administração financeira*. 3. ed. São Paulo: Harbra, 1987.

GLOBAL ENTREPRENEURSHIP MONITOR (GEM). *Empreendedorismo no Brasil.* Curitiba: IBQP, 2011.

HAMEL, G. *Liderando a revolução.* São Paulo: Campus, 2000.

HASHIMOTO, M. *Espírito empreendedor nas organizações.* São Paulo: Saraiva, 2006.

HISRICH, R.; PETERS, M.; SHEPHERD, D. *Empreendedorismo.* 7. ed. Porto Alegre: Bookman, 2009.

INSTITUTO BRASILEIRO DE GEOGRAFIA E ESTATÍSTICA (IBGE). *Pesquisa Pintec 2005.* Rio de Janeiro: IBGE, 2007. Disponível em: <www.ibge.gov.br/home/estatistica/economia/industria/pintec/2005/pintec2005.pdf>. Acesso em: 2 set. 2010.

KURATKO, Donald F.; HODGETTS, Richard M. *Entrepreneurship.* Mason: Thomson, 2004.

LONGENECKER, J. G.; MOORE, C. W.; PETTY, J. W. *Administração de pequenas empresas.* São Paulo: Makron Books, 1998.

_____ et al. *Administração de pequenas empresas.* São Paulo: Thomson, 2007.

MARTELLO, Alexandre. Crédito bancário supera marca de 50% do PIB pela 1ª vez na história. *Portal G1,* 26 jun. 2012. Disponível em <http://g1.globo.com/economia/seu-dinheiro/noticia/2012/06/credito-bancario-supera-marca-de-50-do-pib-pela-1-vez-na-historia.html>. Acesso em: out. 2012.

NAKAGAWA, M. *Plano de negócio:* teoria geral. Barueri: Manole, 2011.

OLIVEIRA, E. M. Empreendedorismo social no Brasil: atual configuração, perspectivas e desafios – notas introdutórias. Curitiba, *Revista da FAE,* v. 7, n. 2, p. 9-18, jul./dez. 2004.

OSTERWALDER, A.; PIGNEUR, Y. *Business model generation:* inovação em modelos de negócios. Rio de Janeiro: Alta Books, 2011.

PINCHOT, Gifford. *Intrapreneuring*. Nova York, NY: Harper & Row, 1985.

RAMAL, S. A. *Proposta de plano de negócios para empreendimentos sociais*. Rio de Janeiro: PUC-Rio, [s.d.]. Disponível em: <www.icesi.edu.co/ciela/anteriores/Papers/emsoc/4.pdf>. Acesso em: 13 set. 2010.

RHAE. Programa RHAE – Recursos Humanos em Áreas Estratégicas. Disponível em: <http://rhae.cnpq.br/>. Acesso em: 21 set. 2010.

ROCHA, M. T; DORRESTEIJN, H.; GONTIJO, M. J. (Orgs.). *Empreendedorismo em negócios sustentáveis*: plano de negócio como ferramenta do desenvolvimento. São Paulo: Peirópolis, 2005.

SERVIÇO BRASILEIRO DE APOIO ÀS MICRO E PEQUENAS EMPRESAS (SEBRAE). *Fatores condicionantes e taxas de sobrevivência e mortalidade das micro e pequenas empresas no Brasil* – 2003-2005. Brasília, 2007. Disponível em <http://201.2.114.147/bds/bds.nsf/8F5BDE79736CB99483257447006CBAD3/$File/NT00037936.pdf>. Acesso em: 13 NOV. 2012.

SIMANTOB, Moysés; LIPPI, Roberta. *Guia Valor Econômico de inovação nas empresas*. São Paulo: Globo, 2003.

SPALDING, E. Distinção essencial entre fundação e associação e algumas de suas consequências. *Cadernos Fundata*, set. 2001. Disponível em: <www.fundata.org.br/Artigos%20-%20Cefeis/08%20-%20DISTINÇÃO%20ESSENCIAL%20FUND-ASSOC.pdf>. Acesso em: 12 out. 2010.

SZAZI, E. *Terceiro setor*: regulação no Brasil. São Paulo: Peirópolis, 2006.

TACHIZAWA, Takeshy. *Criação de novos negócios*: gestão de micro e pequenas empresas. Rio de Janeiro: FGV, 2002.

TREVISAN, E.; MARSCHNER, L. C. *Plano de negócios*. São Paulo: FGV, 2010. Documento apresentado no MBA em Gestão Estratégica e Econômica de Negócios, do FGV Management.

VOLTOLINI, R. *Terceiro setor*: planejamento e gestão. 2. ed. São Paulo: Senac São Paulo, 2004.

WOLF, T. *Managing a nonprofit organization in the twenty-first century*. Nova York: Simon & Schuster, 1999.

ZACKARAKIS, A. Writing a business plan. In: BYGRAVE, W. D.; Zacharakis, A. (Eds.). *The portable MBA in entrepreneurship*. Hoboken: John Wiley & Sons, 2004.

Os autores

Antonio André Neto

Doutor em Engenharia Civil pela Universidade Federal do Rio de Janeiro (UFRJ) e mestre em Sistemas de Gestão pela Universidade Federal Fluminense (UFF). Fez cursos de extensão em Fusões e Aquisições, pela The Warton School – University of Pennsylvania; em Negociação (Business Management for International Professionals), pela Harvard Law School – University of California; em Administração de Empresas Industriais, pela Universidade de São Paulo e em Marketing, pela Escola Brasileira de Marketing. É engenheiro pela Faculdade de Engenharia Industrial, professor de empreendedorismo, plano de negócio, negociação e comércio internacional, professor convidado do FGV Manangement e coordenador do MBA em Gestão Estratégica e Econômica de Negócios e do MBA em Gestão Estratégica de Empresas. Atuou na alta administração das seguintes organizações: Grupo Thyssen, Grupo Gerdau, Grupo Eluma e Promon. Realizou negócios em 56 países. Conduziu processos de aquisição em seis países, além do Brasil.

Alivinio Almeida

Doutor e mestre em Economia Aplicada pela Universidade de São Paulo. Engenheiro Agrônomo pela Universidade de São Paulo. Sua experiência profissional inclui atuação no sistema financeiro, na administração de empresas privadas e instituições públicas, além do ensino de economia empresarial, empreendedorismo e viabilidade econômica de projetos na graduação e na pós-graduação. Sobre esses temas, tem artigos publicados em periódicos e livros nacionais e estrangeiros. É professor convidado do FGV Manangement.

Cristóvão Pereira de Souza

Mestre em Gestão Empresarial pela FGV, especialista em Finanças pelo IBMEC, especialista em Administração pela Coppead/UFRJ, com extensão pela New York University, e graduado em Engenharia pela Pontifícia Universidade Católica do Rio de Janeiro (PUC-Rio). Foi diretor financeiro da SFB Sistemas e chefe da Assessoria de Estudos Financeiros da Petros. Autor do livro *Finanças corporativas*, da série FGV Management. Professor convidado do FGV Management.

Tales Andreassi

Doutor e mestre em Administração pela FEA/USP, mestre em Economia Industrial pelo Science Policy Research Unit (SPRU) da University of Sussex (Inglaterra) e bacharel em Administração pela FEA/USP. Na FGV/Eaesp, é professor e coordenador do Centro de Estudos em Empreendedorismo e Novos Negócios (GVCENN) e do Mestrado Profissional em Gestão Internacional (MPGI). Atua em consultoria nas áreas de inovação, estratégia e empreendedorismo. É autor de mais de 20 artigos publicados no Brasil e no exterior e de seis livros. Professor convidado do FGV Management.

Este livro foi impresso nas oficinas gráficas da Editora Vozes Ltda.,
Rua Frei Luís, 100 – Petrópolis, RJ.